suhrkamp taschenbuch 2820

AF196398

1969 erschien *Watten*, ein Bericht vom beschädigten Leben: von
der grausamen Ungereimtheit menschlicher Existenz. Gezeigt
wird, wie Konvention und Routine, die Selbstverständlichkeit
eingeschliffener Erwartungen, unter dem Druck unkalkulierba-
rer Erfahrung zerspringen; wie aus den Regeln, nach denen wir
Leben spielen, das Ungeregelte selber hervorgeht – die Katastrophe.

Vier Männer gehen zu einem Gastwirt, so wie seit Jahren, zum
Watten, zum Kartenspiel. Aber das Kartenspiel findet an diesem
Abend nicht statt, der Gastwirt wartet vergebens auf seine
Mitspieler. Warum es an diesem Abend nicht zum Watten
kommt, das behandelt die Erzählung.

Thomas Bernhard, geboren am 9. Februar 1931 in Heerlen
(Niederlande), starb am 12. Februar 1989 in Oberösterreich.
Sein Werk im Suhrkamp Verlag ist auf Seite 91 dieses Bandes
verzeichnet.

Thomas Bernhard
Watten

Ein Nachlaß

Suhrkamp

7. Auflage 2024

Erste Auflage 1998
suhrkamp taschenbuch 2820
© Suhrkamp Verlag Frankfurt am Main 1969
Umschlaggestaltung: Göllner, Michels, Zegarzewski
Umschlagfoto: bpk / Digne Meller Marcovicz
Druck: CPI books GmbH, Leck
Printed in Germany
ISBN 978-3-518-39320-8

www.suhrkamp.de

Watten

Ein Nachlaß

Ende September erhielt ich aus dem Verkauf der Liegenschaft Oelling, die nach dem Tode meines Vormunds zwischen mir und meinem Vetter hälftig geteilt worden war, einen größeren Geldbetrag, von welchem ich selbst keinen Gebrauch machen, den ich aber sogleich einem guten Zweck zuführen wollte, und zwar angeregt durch die Lektüre mehrerer Schriften des Mathematikers und Juristen Undt, die sich sämtliche mit der in jedem Falle immer ausweglosen Situation gerade entlassener Strafhäftlinge beschäftigen, war mein Entschluß, diesem Manne, der sich nicht nur in seinen Schriften, sondern mehr noch unmittelbar durch den Einsatz seiner Person den Geächteten unter den Menschen jederzeit und mit großer Hingabe zur Verfügung stellte, die mir überraschend zugekommene Summe in einem kurzen Brief anzubieten, eine Selbstverständlichkeit. Am 11. September teilte ich Undt, der sich, ganz seiner Aufgabe hingegeben, seit Jahren in dem kleinen, unscheinbaren, seinen Zwecken aber außerordentlich dienlichen Gars am Kamp niedergelassen hat, meinen Entschluß mit, ihm eineinhalb Millionen zur Verfügung zu stellen, und am 13. hatte ich folgende Antwort bekommen: Sehr geehrter Herr, wenn Sie mir die Summe von eineinhalb Millionen unter keiner andern als der Bedingung, daß sie ausschließlich für die Zwecke, für die ich nahezu drei Jahrzehnte, wie ich glaube, nicht gänzlich erfolglos arbeite, zur Verfügung stellen, bitte ich Sie, mir den Betrag umgehend anzuweisen. Mit vorzüglicher Hochachtung, F. Undt. Noch am gleichen Tag veranlaßte ich die Überweisung des Geldes an Undt.

Zwei Tage später bestätigte der Empfänger, daß er die eineinhalb Millionen erhalten habe, er schrieb: Sehr geehrter Herr, die Summe, die ich heute erhalten habe, verwende ich sofort für die Adaptierung des Schlosses Thunau, das Ihnen bekannt ist und in welchem ich noch vor Winteranfang achtzig aus Suben entlassene Männer unterzubringen gedenke. Mit vorzüglicher Hochachtung, F. Undt. Zwei Monate später, am 17. November, beantwortete Undt einen von mir am 13. November aufgegebenen Brief, in welchem ich ihn um die Titel der Schriften unter seinem Namen ersuchte, die Undt zwar veröffentlicht hat, die mir aber durch die Umstände der Abgeschlossenheit, in welcher ich lebe, bis zu diesem Zeitpunkt unbekannt geblieben waren. Er schrieb: Sehr geehrter Herr, meine wichtigsten Arbeiten, und nur diese nenne ich, sind: *Bücher* / Verwahrlosung I, Verwahrlosung II, Verwahrlosung III, *Artikel* / Haftentschädigung, Abgeurteilte und Verurteilte, *Aufsatz* / Körper und Chaos. Vorzüglich Undt. Am nächsten Tag (gestern) bekam ich von Undt folgende Zeilen: Sehr geehrter Herr, da Sie, wie ich annehme, meine Geistesarbeit kennen, wird es Sie nicht überraschen, wenn ich Sie bitte, mir *über mehrere Stunden andauernde Wahrnehmungen Ihrerseits des Tages zu berichten, der dem Tag, an welchem Sie diese Zeilen in die Hand bekommen haben, vorausgegangen ist.* Wie Sie wissen, ist die Aufforderung zu einer solchen Selbstbeschreibung von mir immer nur an Persönlichkeiten gerichtet, die ich als zweifellos außerordentliche und für meine wissenschaftlichen Zwecke durchaus ideal empfinde.

Vorzüglich Undt. Da meine Arbeit über die chronisch-subchronische Nephritis (*morbus Brightii*) nicht abgeschlossen ist, zögerte ich zuerst, leistete aber dann der Aufforderung Undts unverzüglich Folge. Ich drehte mich auf dem Sessel um und benutzte das Fensterbrett, nicht den Schreibtisch, als geeignete Unterlage und schrieb: Geehrter Herr, im Aufwachen denke ich gewöhnlich: warum lebe ich?, darauf: warum lebe ich in der Baracke?, und die Leute fragen, warum leben Sie in der Baracke?, und ich antworte: weil ich in der Baracke lebe, geehrter Herr. Im Aufstehen denke ich, daß es mir die längste Zeit nicht mehr möglich ist, bis in die Schottergrube zu gehen, ja, ich komme auch in der größten Anstrengung nicht einmal mehr zur faulen Fichte. Mit erschreckender Regelmäßigkeit bin ich in den letzten zwanzig Jahren den Weg gegangen: Baracke, faule Fichte, Schottergrube, faule Fichte, Baracke. Ab und zu machte ich den Umweg über den Tümpel, geehrter Herr. Mitten in der Schottergrube, an nichts als an das Luftschöpfen denkend, schöpfte ich Luft. Ich atmete tief ein und tief aus. Daß mir diese Gewohnheit das Leben gerettet hat, denke ich. Ich gehe, und während ich gehe, zähle ich meine Schritte. Viertausend zur faulen Fichte, achttausend bis in die Schottergrube. In großer Hitze. In großer Kälte, geehrter Herr. Anzeichen von Erschöpfung natürlich. Täglich in die Schottergrube, am Mittwoch watten. Jetzt gehe ich nicht mehr in die Schottergrube. Nicht mehr zur faulen Fichte. Ueberhaupt nicht mehr aus der Baracke hinaus. *Gestern*: aufgestanden, gewaschen, angezogen bin ich, da kommt der Fuhrmann und fragt, warum ich nicht mehr watten gehe, und ich mache den Versuch, zu erklären, warum, aber ich kann nicht erklären, warum. Ich sage: nein, nicht mehr watten. Sie klopfen an, sage ich, ich mache Ihnen auf, Sie kommen herein, ohne Umstände, sage ich, kommen Sie herein und setzen sich und strecken Ihre Beine aus, und Sie stellen immer die gleiche Frage: warum nicht mehr watten, Herr Doktor? Ich: trinken Sie etwas? Sie sagen: neinnein! und Sie wiederholen: warum nicht mehr watten, Herr Doktor?, ich sage: nein, nicht mehr watten. Heute hat er den Winterkotzen an, denke ich, das heißt, es ist Winter. Ich gehe nicht mehr watten, denke ich, ich sage: Sehen Sie, ich gehe ja nicht einmal mehr zur faulen Fichte, geschweige denn in die Schottergrube, geschweige ins Gasthaus. Natürlich, sage ich, habe ich versucht, ins Gasthaus zu gehn, aber ich bin nicht einmal mehr zur faulen Fichte gekommen. Es ist unsinnig, mich überreden zu wollen. Ich sage zum Fuhrmann: ich gehe nicht mehr watten, es ist unmöglich. Er verhält sich aber so, als hätte ich nichts gesagt. Es wäre an der Zeit, wieder watten zu gehn, sagt er. Es ist immer das gleiche, geehrter Herr, er bleibt sitzen und sagt in kurzen Abständen immer wieder, ich solle wieder watten gehn, und ich antworte immer: nein, nicht mehr watten. Ist er weg, schwöre ich, ich lasse ihn, kommt er wieder, nicht mehr herein. Aber ich mache ihm doch wieder auf, er kommt herein, die Szene wiederholt sich: warum nicht mehr watten, Herr Doktor?, und ich: nicht mehr watten. Gestern: der Winterkotzen ist von seinem Vater, denke ich. Ich ordne meine Papiere, wenn ich auch weiß, daß es unsinnig ist, so suche ich doch aus dem Haufen von Papieren auf dem Schreibtisch zusammengehörige Zettel, Briefe, Rechnungen, alte Rezepte, Notizen, Entwürfe zusammen. Wenn ich auch weiß, daß die Unordnung immer größer ist. Wenn ich Ihnen schon hunderte Male gesagt habe, sage ich, daß ich nicht mehr watten gehe, ich gehe nicht mehr watten, es ist unsinnig, daß Sie mich aufsuchen, mich überreden wollen, watten zu gehn, aber der Fuhrmann hat gar nicht zugehört. Jede Woche kommen Sie und vertrödeln Ihre Zeit und ruinieren die meinige, indem Sie mich überreden wollen. Er hört nicht zu. Aber selbst wenn ich auf einmal wieder das Bedürfnis hätte, watten zu gehn, ich ginge nicht mehr. Lassen Sie mich in Ruhe, sage ich. Suchen Sie sich einen andern Mann. Jeder wattet hier. *Ich* watte nicht mehr. Viele warten nur darauf, daß man sie auffordert zum Watten. Warum lassen Sie mich nicht in Ruhe und verzichten auf mich?, sage ich. Hier haben ja alle Leute nichts als das Watten im Kopf, sage ich, von einem Augenblick auf den andern haben Sie einen, der mit Ihnen wattet, gefunden, und Sie werden sehen, ich bin überflüssig. Alle watten so gut, wie ich niemals gewattet habe. Denken Sie nur an den Eisenhändler Urban, sage ich. Und mich bedrängen Sie, ich solle wieder watten. Ich verstehe nicht, daß Sie sich in den Kopf gesetzt haben, ich solle wieder watten. Wenn ich nicht mehr watte, so heißt das ja nicht, daß die ganze Runde nicht mehr wattet. Ein Mann für den Selbstmörder Siller und ein Mann für mich, wie leicht sind zwei, die watten, gefunden. Gehn

Sie zum Eisenhändler Urban, sage ich. Mir ist bekannt, daß der Urban besser als alle wattet. Und Sie verstehen sich doch ausgezeichnet mit dem Eisenhändler, sage ich, auch der Lehrer versteht sich mit dem Urban gut, auch der Wirt, alle. Ich watte nicht mehr, sage ich, aber der Fuhrmann reagiert vollkommen anders, als erwartet, er sagt: Kommen Sie Mittwoch watten, Herr Doktor! Ich antworte: Ich gehe nicht mehr watten. Ich bin fest entschlossen, nicht mehr watten zu gehn. Scheinbar ordne ich meine Papiere, in Wirklichkeit aber bringe ich eine immer noch größere Unordnung in die Papiere. Die Anwesenheit des Fuhrmanns bewirkt eine vollkommen unsinnige Handlungsweise meinerseits. Dieser ganze Haufen Rezepte, Zettel, Notizen, Gedanken, sage ich. Wahr ist, denke ich gleichzeitig, daß ich die besten Einfälle, Gedanken immer auf dem Weg zum Watten gehabt habe. Ich muß Ordnung in den Haufen Papiere bringen, sage ich zum Fuhrmann, während ich denke: jedesmal wenn der Fuhrmann kommt, ist die Unordnung auf dem Schreibtisch größer. Tatsächlich habe ich, geehrter Herr, auf dem Weg zum Watten, immer eine klare Vorstellung von der Materie gehabt, Außen- und Innenwelt entzogen sich mir, während des Wattengehens nicht fortgesetzt. Ein Kopf voll Wissenschaft!, wissen Sie, was das heißt?, sage ich zum Fuhrmann. Der Fuhrmann sagt: der Wirt hat neue Bänke gekauft. Der Wattisch habe neue Bänke, sagt er. Schon am Montag beruhigte ich mich an dem Gedanken, daß ich Mittwoch watten gehe, geehrter Herr, der Dienstag ist nichts als Vorbereitung auf den Mittwoch gewesen. Ich sage zum Fuhrmann: watten ist immer entscheidend für mich gewesen. Und entscheidend vor allem, denke ich, in dem Augenblick, in welchem man mir die Praxis gesperrt hat. Unter diesem Verdacht, wissen Sie, sage ich zum Fuhrmann. Das Gesetz, sage ich. Morphium, sage ich. Daran ist etwas wahr, sage ich, aber die Tatsache, daß man mir die Praxis gesperrt hat, ist eine Gemeinheit. Die Praxis sperren, den Nerv töten, sage ich. Man sperrt die Praxis und tötet den Menschen, geehrter Herr, vernichtet ihn. Anstatt in die Ordination, geehrter Herr, bin ich, wie man mir die Praxis gesperrt hat, watten gegangen. Ich hatte eine Zuflucht, geehrter Herr. Faule Fichte, Schottergrube, watten. Den Obersten Gerichtshof bemühen wollte ich nicht. Widerwärtigkeiten von höchster Stelle herunter. Zweifellos ein sehr guter Arzt, hätte ich ohne weiteres sagen können, wäre nicht ich selbst dieser Arzt gewesen. Andere haben gesagt, ich sei ein guter Arzt. Die Praxis sperren, den Konkurrenten treffen, sagte ich. Der Fuhrmann saß die ganze Zeit unbeweglich, wie wenn er von der Tatsache, daß er heute zum ersten Mal in dem Jahr wieder den Winterkotzen anhat, überrascht, zu keiner, auch nicht zu der geringsten Bewegung wenigstens seines Kopfes, fähig wäre. Sein Vater ist ein bekannter Fleischhauer gewesen, den Sohn aber ließen Abscheu und Ekel vor geschlachteten Tieren den väterlichen Besitz, eine der größten Fleischereien des Landes, in ein genauso angesehenes Fuhrwerkunternehmen ausbauen. Ich sage zum Fuhrmann: täglich watten zu dieser Zeit. Aber der Fuhrmann versteht mich nicht. Er beobachtet mich, bemerkt, daß ich, anstatt Ordnung zu machen auf dem Schreibtisch, eine immer noch größere Unordnung mache. Zuerst *dreimal* wöchentlich watten, denke ich, dann *zweimal* wöchentlich watten, dann *einmal* wöchentlich watten. Der Mensch ist wohl für eine ganz andere als für seine eigene Welt konstruiert, sage ich. Der Fuhrmann sagt: es ist an der Zeit, daß Sie wieder watten gehn, Herr Doktor. Ich hätte, als ich das letzte Mal watten gewesen war, meinen Hut im Gasthaus vergessen, sagte er, mir den zu holen, wäre ein Anlaß, wieder zu watten. Kommen Sie morgen watten, sagt der Fuhrmann und hebt mir einen Zettel vom Boden auf, der mir vom Schreibtisch gefallen war. Ein nicht abgeschickter Brief, sage ich, in welchem ich ein zwar sehr hohes, aber durchaus angemessenes Honorar anmahne, an den deutschen Großindustriellen adressiert, sage ich. Die Reichen lassen sich Zeit mit dem Zahlen, die zahlen Monate, ja Jahre überhaupt nicht, und dann zahlen sie plötzlich eine lächerliche Summe, die mit der Summe, die man gefordert hat, nichts zu tun hat. Aber vor Gericht gehen, das kann ich nicht, sage ich. Man müßte da jeden Tag vor Gericht gehen und wegen allem und jedem vor Gericht gehen und schließlich die ganzen Kräfte, die man hat, mit Gerichtsbarkeiten verschwenden, ein Mensch könne sich leicht sein ganzes Leben lang nur in Prozessen erschöpfen, die zu führen er immer Anlaß habe. Im Grunde müßte jeder mit jedem andauernd Prozesse führen, sage ich. Hunderte von ausständigen Honoraren, sage ich, aber alle diese wohlhabenden Leute denken nicht daran, zu zahlen. Wie sie gehört haben, daß man mir die Praxis gesperrt hat, haben alle diese Leute gedacht, daß sie jetzt einen Grund haben, mich nicht zu bezahlen. Die Leute sind gemein, weil die Welt, in welcher sie leben, gemein ist. Alles ist gemein an den Menschen. Das Gemeine und die Natur als die Natur des Gemeinen ergänzen sich wechselseitig, sage ich. Man ist ab und zu vorlaut, aber es hat keinen Zweck, vorlaut zu sein. In den Köpfen ist nichts als die Gewinnsucht und die Niedertracht zum Betrug, sage ich. Nimmt man die Natur auseinander, so ist klar zu erkennen, daß ihre Konstruktion ein Betrug ist in allen Teilen. So auch der größenwahnsinnige Mensch in seiner Naturgemeinheit. Die Linie, die einer in philosophischem Schwachsinn gegen den Horizont ziehe, erweise sich letzten Endes auch immer als Perversion, sage ich. Ich hätte, sage ich zum Fuhrmann, jeden Tag um die gleiche Zeit, am Abend, vor dem Einschlafen, die Vorstellung, jetzt watten zu gehn. Im Bett liegend, abwechselnd im Bett *liegend* und *sitzend*, hätte ich die Vorstellung, watten zu gehn, während ich in Wirklichkeit gänzlich mit den Bemühungen beschäftigt bin, aus *allen* Krankheiten *eine* Philosophie zu machen. Was der Fuhrmann nicht versteht. Aber ich sage zum Fuhrmann: *da* gehe ich, *dort* gehe ich, von allen Seiten komme ich in den Wald herein, gehe ich in den Wald *hinein*, um watten zu gehn. Tatsächlich komme ich mitten im Wald von allen Seiten auf mich zu, um watten zu gehn. Tatsächlich gehen alle diese in den Wald hereinkommenden Ich watten. Und haben nichts im Kopf als den Gedanken, watten zu gehn. Das ist aber das Merkwürdige, sage ich: alle haben den Gedanken im Kopf, watten zu gehn, gehn aber nicht watten. Wollen watten gehn, gehn watten, gehn aber nicht watten, sage ich. Immer die Vorstellung, vor allem immer während ich mit Krankheiten beschäftigt bin, ich ginge watten, ich gehe watten, Hunderte, Tausende gehen gleichzeitig als ich selbst auf mich zu, watten. Tatsache ist, sage ich zum Fuhrmann, daß auch der Lehrer diese Vorstellung hat. Während er zu Hause Hefte korrigiert, hat er die Vorstellung, watten zu gehn, *in mehreren.* Während in meiner Vorstellung aber der Selbstmörder Siller fehlt, sage ich, geht in der Vorstellung des Lehrers auch der Selbstmörder Siller watten. In der Vorstellung des Lehrers sitzt auch Siller am Tisch, während er in meiner Vorstellung nicht am Tisch sitzt. Auch ich sitze in der Vorstellung des Lehrers am Wattisch. Kann er nicht einschlafen, sage ich zum Fuhrmann, stellt sich der Lehrer vor, daß wir alle watten gehn, alle, auch der Selbstmörder Siller, was doch sehr interessant ist, weil in meiner Vorstellung vom Watten der Selbstmörder Siller überhaupt nicht mehr auftaucht. Tausende Personen, die alle *ich* sind, sage ich, gehn in meiner Vorstellung watten. Nicht der Selbstmörder Siller. Hunderte Personen, die alle *ich* sind, sagt der Lehrer, gehen in meiner Vorstellung watten, auch der Selbstmörder Siller. Es ist ganz einfach, sage ich zum Fuhrmann, einen von uns zu ersetzen. Für mich spielt der Eisenhändler, für den Selbstmörder könnte der Mann mit dem Holzbein (auch Papierarbeiter), der schon in der Rente ist, was von

Vorteil ist, sage ich, spielen. Wenn einer von uns nicht mehr watten will oder watten kann, wattet ein anderer für ihn, sage ich. Der Papiermacher Siller hat sich aufgehängt, also wattet ein anderer für den Papiermacher Siller, ich gehe nicht mehr watten, nicht, weil der Papiermacher Siller sich aufgehängt hat, weil ich nicht mehr watten gehe, und also wattet für mich ein anderer. Aber der Fuhrmann schweigt, geehrter Herr, und bleibt unbeweglich. Zwei, drei Stunden atme ich gleichmäßig, geehrter Herr, denke ich, und vergesse ganz, daß ich atme, dann aber ist auf einmal wieder alles chaotisch in mir, und ich höre, wie ich atme, und ich beobachte, wie ich gehe, und ich atme viel zu kurz ein, viel zu kurz aus, ich mache viel zu kurze Schritte. Ich atme entweder zu tief ein oder zu tief aus, oder ich gehe zu rasch oder zu langsam. Mein Kopf ist unbeweglich, während er doch beweglich sein sollte. Laufend, denke ich: stehenbleiben, hinsetzen, hinlegen ... In der Baracke lege ich mich sofort hin und strecke mich aus, *ich versuche,* mich auszustrecken, was mir aber nicht gelingt. *Ich ziehe mich zusammen,* strecke mich aber nicht aus, denke ich. Der Fuhrmann beobachtet mich, während ich denke: ich ziehe die Beine ein, ich ziehe den Kopf ein in der Körperverkrampfung, die die Ursache meiner Geistesverkrampfung ist. Gleichmäßig atmen, denke ich auf dem Bett, denke ich, und ich versuche auf dem Bett gleichmäßig zu atmen. Dazu fallen mir meine Schriften ein, die ich vollkommen vernachlässigt habe. Gleichmäßig atmen, denke ich, aber ich kann nicht gleichmäßig atmen, weil man ja auch nicht gleichmäßig gehen kann, wie

17

Sie wissen, wenn man denkt: gleichmäßig gehen. Beobachtet man, wie man geht, ist das ein Gehüpfe, kein Gehen auf der Straße. Daß ich im Luftschöpfen nicht die erforderliche Regelmäßigkeit erlernt habe, ist deprimierend. Diese Unfähigkeit habe ich durch einen Aufenthalt in Bad Hall auszugleichen versucht, denke ich. Aber der Aufenthalt in Bad Hall hat mir nicht genützt, denke ich. Mein Zustand hat sich verschlimmert. Was ich erwarten kann, habe ich schon von Kind an immer denken müssen, ist nichts als Verschlimmerung. Aber ich habe doch die Kraft gehabt, nach Bad Hall zu fahren, denke ich. Sehen Sie, auch die Bäder sind völlig sinnlos, sage ich zum Fuhrmann. Ein solches Bad wie Bad Hall ist vollkommen nutzlos. Ja, die Leute trifft schon nach kurzem Aufenthalt in einem solchen Badeort der Schlag, und es ist bekannt, daß die Friedhöfe der Badeorte die größten sind. Lauter Leute liegen da, die von weit her in den Badeort gekommen sind, um ihren Gesundheitszustand zu verbessern. Namen aus ganz Europa in den Friedhöfen der kleinsten Badeorte, sage ich. Geehrter Herr, tatsächlich bin ich, in meinem Alter, stellen Sie sich vor, noch auf den Bäderscharlatanismus hereingefallen. Zum Fuhrmann sage ich: die Bäder sind ein Betrug. Man läßt sich eine Kur einreden, und das heißt, kurzen tödlichen Prozeß, der ein Vermögen kostet. Der Mensch geht in eine Kur wie in eine Falle, denke ich, und die größte Unsinnigkeit ist das Bäderaufsuchen, und jährlich gehen Millionen in die Bäder und reden sich ein, daß das gut ist. Tatsächlich ist mein Zustand *jetzt* ein viel schlimmerer als *vor* der

Kur, denke ich, ich sage zum Fuhrmann: Sie haben mich ja selbst auf die Bahn gebracht, wann bin ich denn nach Bad Hall gefahren?, der Fuhrmann sagt: vor einem halben Jahr. Ja, sage ich, vor einem halben Jahr. Kurz darauf hat sich der Papiermacher umgebracht. *Vor* Bad Hall, sage ich zum Fuhrmann, habe ich durchaus einen ganzen Vormittag und einen ganzen Nachmittag gleichmäßig atmen und das heißt, gleichmäßig gehen können, das ist mir aber zuwenig erschienen, und ich bin nach Bad Hall gefahren, *vor* Bad Hall bin ich tatsächlich noch leicht in die Schottergrube hineingekommen, tatsächlich in der größten Hitze, in der größten Kälte tatsächlich. *Vor* Bad Hall ist es mir die größte Leichtigkeit gewesen, das größte Vergnügen, bis zur faulen Fichte zu gehn, während ich *nach* Bad Hall die faule Fichte überhaupt nicht mehr habe erreichen können, geschweige denn in die Schottergrube hineingehen, watten gehn, sage ich. Tatsächlich habe ich *vor* Bad Hall geglaubt, *nach* Bad Hall werde ich schneller bei der faulen Fichte sein als *vor* Bad Hall, schneller in der Schottergrube, schneller beim Watten. Die Wahrheit ist, ich komme nicht mehr zur faulen Fichte. Ich kann nicht mehr watten gehn. Nicht der Selbstmörder ist schuld. Ich kann nicht mehr watten gehn. Dabei ist die Entfernung zwischen der Baracke und der faulen Fichte eine lächerliche. Aber natürlich, sage ich, wenn ich die äußerste Anstrengung, diese alleräußerste Anstrengung vergrößere, wenn ich aus mir nur noch eine einzige Rücksichtslosigkeit gegen mich selbst mache usf., sage ich, wenn ich wieder zur faulen Fichte gehn könnte, ich ginge nicht mehr watten. Nein, nicht mehr watten, sage ich. Geehrter Herr, diesen Eindruck habe ich oft: ich bin auf einmal wieder watten gegangen. Der Fuhrmann kommt in immer kürzeren Abständen und fragt, warum ich nicht mehr watten gehe. Heute ist er gekommen, da war ich noch nicht einmal angezogen, denke ich. Ich habe noch nicht gefrühstückt, da ist der Fuhrmann schon da. *Commotio cerebri*, sage ich auf einmal, *contusio cerebri, compressio cerebri.* Natürlich ist alles ein Milderungsgrund, sage ich. Die Leute können alles angeben als Milderungsgrund, sage ich. Ob der Fuhrmann etwas trinken will? frage ich. Nein, nichts, sagt er. Die armen Teufel können sagen vor Gericht, sie seien arm gewesen, die Reichen, reich. Alle mit gleichem Recht. Wie die Dummen, daß sie zeitlebens dumm gewesen sind. Die einen geben an, sie sind zeitlebens *benachteiligt* gewesen, die andern geben an, zeitlebens *bevorzugt. Alles* ist ein Milderungsgrund. Die einen, sie hätten die ganze Welt gesehen, die andern, sie hätten nichts gesehen. Die einen, daß sie eine hohe Schulbildung haben, die andern, daß sie überhaupt keine Schulbildung haben. Der Philosoph, daß er Philosoph gewesen ist, wie der Fleischhauer, daß er Fleischhauer gewesen ist. Alle diese Leute haben immer ein Alibi. Jede Existenz ist ein Milderungsgrund, geehrter Herr. Vor jedem Gericht, vor jedem Selbstgericht. Jetzt stand ich auf, und der Fuhrmann erhob sich, er erschien mir in dem Winterkotzen noch kleiner, sein Kopf zuckte, wie wenn er erschrocken wäre, der ganze Mann machte den Eindruck, als habe ihn mein plötzliches Aufstehen völlig überrascht, ihm einen Ruck gegeben, und ich ging zu dem Bild, das meine Großeltern mütterlicherseits darstellt, hin und richtete es gerade, denn die ganze Zeit, welche ich dem Fuhrmann gegenübergesessen war, hatte mich das schief hängende Bild irritiert, schief hängende Bilder irritieren mich, gleich, wo ich ein solches schief hängendes Bild entdecke, bin ich irritiert, und ich habe nicht eher Ruhe, als bis das Bild von mir geradegerückt ist; ich rückte das Bild gerade und sagte: fürchterlich, diese schief hängenden Bilder!, worauf ich mich wieder hinsetzte, und der Fuhrmann setzte sich auch wieder hin. Können Sie sich vorstellen, geehrter Herr, daß mich schief an der Wand hängende Bilder verrückt machen, mir einen ganzen Tag zerstören können? So, sagte ich zum Fuhrmann, jetzt hängt es wieder gerade. Wie kommt es, daß das Bild verschoben worden ist? Die Leute fragen, denke ich, wie schaut es in Ihrer Baracke aus?, und sie kommen herein in die Baracke und setzen sich und beobachten mich, denke ich. Der Fuhrmann beobachtet mich. Die Kinderlosigkeit, denke ich, die ihn fortwährend bedrückt. Die Leute kommen in die Baracke herein und beschmutzen zuerst die Baracke, dann beschmutzen sie mich, alles beschmutzen die Leute mit ihren Drecksaugen, denke ich. Fallen stellen sie, wenn sie fragen, Fallen, wenn sie nicht fragen. Aber auch Fallen, wenn wir antworten, antworte ich, bin ich in die Falle gegangen. Die Leute fragen mich etwas Nebensächliches und haben mich in die Falle gelockt in einer ungeheueren Hauptsache. Die Leute bringen es aber doch immer so weit, daß ich sie hereinlasse. Ich glaube, ich muß die Leute hereinlassen, ich mache ihnen die Tür auf, ich sage auch noch, sie sollen sich hinsetzen. Setzten Sie sich in den Sessel, sage ich. Während sie dasitzen, trinken, essen sie mit mir und stellen Fallen. Fallensteller, denke ich. Sie wollen wissen, wie und woraus und wodurch ich lebe usf., was das sei, Junggeselle usf., wer und wie der Mensch ist, der mir *am nächsten* steht usf., gleich, was wir antworten, uns ist eine Falle gestellt, auch wenn ich nichts antworte, ist mir die Falle gestellt, in die ich hineingehe, hineingehen muß. Unzählige Fallen, schweigen wir. Die Leute stoßen uns, wenn wir sie einladen, haben sie auf unsern Sesseln Platz genommen, in unseren eigenen Abgrund hinunter. In frühere Zeiten locken sie uns, machen uns Kindheit, Jugend, Alter etcetera vor und stürzen uns da hinein, woraus wir uns schon die längste Zeit gerettet glaubten. Vor allem locken uns die Leute in frühere Zeiten. Sentimentalistisch kommen sie uns. Die Leute kommen in unser Haus, wie sie in meine Baracke kommen, um uns, um mich zu vernichten. In jedem Falle, um uns lächerlich zu machen, wie der Fuhrmann letzten Endes nur in die Baracke hereinkommt, um mich lächerlich zu machen. Sie klopfen an die Tür und stülpen uns ihre Neugierde als eine tödliche Gemeinheit über den Kopf. Die Leute kommen als die Harmlosigkeit selbst herein und erdrücken uns plötzlich mit ihrer fürchterlichen Körperlichkeit, denke ich. Die Leute fragen etwas Nebensächliches, um uns auf dieses Nebensächliche abzulenken, und reißen gleichzeitig den Vorhang herunter, hinter welchem unser eigener Schmutz verborgen ist. An die Schläfe pocht der Tod, glaube ich, sage ich zum Fuhrmann, ich sage *herein*, aber der Tod macht die Tür nicht auf. Gelebt zu haben bis zum Überdruß, das muß ich jetzt sagen, denke ich. Tatsächlich habe ich schon so reichlich gelebt, daß mir jeden Tag übel wird, wenn ich nur daran denke. Ich kann rechnen, sage ich, so gut rechnen wie ein guter Kaufmann, aber immer nur bis zu der Grenze, wo nichts mehr zu errechnen ist. Oft setze ich mich zu ihnen, den Menschen, geehrter Herr, und rede in der Sprache dieser Menschen, und ich habe das gleiche gegessen wie diese Menschen, das gleiche getrunken, den gleichen Hunger gehabt, Durst, Interessen usf., aber mein Gehirn ist *ein anderes*. Ich muß in der Isolierung *sein*. Es ist absolut unsinnig, zu glauben, man könne als ein solcher wie ich ganz einfach alles aufgeben, was man ist, untertauchen in der Masse. Die Masse erkennt bald diesen Unfug und vernichtet einen oder trachtet jedenfalls, einen zu vernichten. Die Masse scheidet einen Menschen wie mich, der sich ihr hundertprozentig ausgeliefert hat, erbarmungslos wie einen Fremdkörper aus. Ich gehöre nicht in die Masse, höre ich die Masse, *ich gehöre in mich selbst*, höre ich mich. Da die Masse mich ausscheidet, habe ich keine andere Wahl, als mich nach einem Tod in mir selbst umzuschauen, solange das noch interessant ist für mich. Denn auch dieses Interesse ist begrenzt. Und dann? Da der Tod für mich nur Ersatz für die Masse ist. Es ist alles Lüge, was gesagt wird, das ist die Wahrheit, geehrter Herr, die Phrase ist unser lebenslänglicher Kerker. Ich sage mir von Zeit zu Zeit allen

Ernstes, alles ist nur Betrug durch Alleinsein, Verein-
samung, durch mich. Aus Wahrheit schließe ich auf
die Lüge, wie aus der Lüge auf die Wahrheit, wie aus
mir selbst auf Erniedrigung. Ich habe es, sage ich zum
Fuhrmann, schon früh aufgegeben, zu fragen, was
denn der Zweck sei, weil ich schon früh gewußt habe,
daß dieses Fragen in nichts als in Verzweiflung führt,
unter Umständen in einen erniedrigenden *Dauer-
wahnsinn*. Fortwährend zu fragen, bedeutet fort-
währenden Wahnsinn. Diese Nacht habe ich überhaupt nicht geschlafen, sage ich zum Fuhrmann, ich
bin fortwährend wach gelegen, und ich hatte ein Vergnügen daran, wach zu sein, nicht wie sonst war dieser
Zustand, wach zu sein, ein für mich qualvoller Zustand, im Gegenteil, ich lag da, dachte ich, und atmete
ruhig, ab und zu erhob ich mich im Bett und atmete
tief ein, um mich dann wieder flach auszustrecken.
Ich konstatierte eine plötzliche unheimliche Ruhe
meines Körpers, unheimlich, weil sie mir völlig natürlich schien, die in dem Augenblick, in welchem ich mich
ausgezogen hatte und in mein Bett stieg, eingetreten
war, nicht die geringste Spur meiner Krankheit,
Adern und Venen entlang strömte Ruhe, bald war
mein ganzer Körper nichts als diese Ruhe selbst, Folge
wahrscheinlich der in letzter Zeit an die Grenze des
Erträglichen gesteigerten Unruhe meines Körpers,
aber nicht nur mein Körper, selbst mein Gehirn war
die Ruhe selbst, und ich konnte denken, was ich wollte, ich dachte, nur ein Beispiel, an *Encephalitis*, das
Unsinnigste war zu denken, als ließe sich auf einmal
das Unsinnigste ordnen und also denken, alles natur-

gemäß von mir selbst einmal mutwillig in der Frühzeit meiner Geschichte Zerstörte. Gegenstände. Umwelt. Ich atmete ruhig und dachte ruhig. Alles durchschaubar. Alles Logik. Kein Geräusch, nichts, das störend gewesen wäre. Wie Sie wissen, sage ich zum Fuhrmann, ist die Baracke die ganze Nacht von Geräuschen angefüllt. Gerade ich reagiere oft in katastrophaler Weise auf die Naturgeräusche, geehrter Herr. Selbst bei geöffnetem Fenster höre ich keinen Laut. Unter Umständen hätte aber gerade diese völlige *Laut*losigkeit als *Leb*losigkeit für mich tödlich sein können, denke ich. Aber an diesem Abend hatte ich keinerlei Angst, kann sein, weil ich keine Angst hatte, war alles ruhig wie ich selbst. Ich war ruhig, denke ich, während ich sonst immer an nichts anderes als an meine Unruhe denke und dadurch unruhig bin. Eine dieser Hunderte von Methoden, einschlafen zu können, wende ich an und kann nicht einschlafen. Geehrter Herr, Ihnen mag der Umstand bekannt sein: Sie können nicht einschlafen, weil Sie einschlafen wollen, weil Ihnen bewußt ist, daß Sie einschlafen wollen usf. Zuerst ist mein Gehirn gegen den Schlaf, während ich doch einschlafen will, dann ist auch mein Körper gegen den Schlaf, während ich doch einschlafen will usf. Mir ist, weil mir die Geistesnaivität nicht mehr möglich ist, auch die Körpernaivität nicht mehr möglich. Wahrscheinlich sind mir Gehirn und Körper mit der größtmöglichen Intensität für immer inständig an die Natur ausgeliefert, wodurch immer größere Schwierigkeiten entstehen, alles Komplikation ist. Die meisten Menschen trennen ganz einfach Gehirn und Körper voneinander, schalten einmal das Gehirn aus, einmal den Körper und leben so ganz für sich und unter allen Umständen immer ein völlig *normales* Leben. Dazu fehlt mir jetzt schon die längste Zeit jede Voraussetzung. An diesem Abend, denke ich, während ich den Fuhrmann beobachte, dachte ich aber gar nicht daran, einzuschlafen, im Gegenteil, ich wollte so lange wie möglich wach sein, denn was mir sonst immer während des Wachliegens als eine Unheimlichkeit erschienen war, war mir auf einmal aus allen nur denkbaren Ursachen Ruhe, nichts als Ruhe, und da ich doch in fortwährender Unruhe existiere, empfand ich die plötzliche Ruhe angenehm, wie Sie sich denken können. Alles war plötzlich leicht. Dadurch war es mir möglich, die längste Zeit in eine bestimmte Richtung hinein fortzuschreiten, tatsächlich als Person, wie Sie sich denken müssen, in eine Richtung, die keine Himmelsrichtung sein kann. Ich dachte: alles ist eine gemeine Vereinfachung des Kosmos. Du gehst in die Unendlichkeit und bleibst unverletzt, habe ich mir gedacht. Ich habe mich wahrscheinlich, sage ich, auch für mich plötzlich, zum Fuhrmann, durch absolute Untätigkeit, also höchstmögliche Konzentration, überanstrengt. Der Fuhrmann verstand mich nicht. Es kann alles erklärt werden, sage ich zu ihm, aber in dem entscheidenden Moment kann nichts erklärt werden. Ich fühle mich, denke ich, während der Fuhrmann schweigt, wenn ich auch noch nicht in dem Alter bin, in welchem ein solches Gefühl natürlich ist, völlig vereinsamt, denke ich, weil ich außer acht gelassen habe, mich rechtzeitig geistesverwandter, also nicht nur gefühlsverwandter, sondern auch geistesverwandter Personen zu versichern, Leuten, die wie ich denken, indem sie nicht wie ich fühlen müssen, die wie ich mehr an Unwahrscheinlichkeit denn an Wahrheit interessiert sind, dabei aber doch auch für Musik Interesse haben, Kunst, für das Phantastische. Uns hier fehlt, sage ich zum Fuhrmann, ein Künstler, ein Maler etcetera, wir haben nicht einmal einen Zauberkünstler!, rufe ich aus, aber der Fuhrmann weiß natürlich nicht, was damit gemeint ist. So habe ich mich, geehrter Herr, mit der Zeit ausschließlich auf die Arbeiter hier konzentriert, auf die Hunderte von Fabrikgängern, unter welchen ich schon an die drei Jahrzehnte lebe. Älter als ich bin, bin ich heute und habe im Grund keinen Menschen, während ich mir einrede, daß ich durch meinen Verstand einfach alles besitze. Die Papierarbeiter sind mir letzten Endes eine naturgemäß verständnislose Gefolgschaft. Ein Mensch wie der Siller, sage ich jetzt zum Fuhrmann, ein solcher vollkommen in sich zurückgezogener Mensch, war notwendig, unerläßlich, was das Watten betrifft, jeder von uns ein solcher notwendiger, unerläßlicher. Denn hätten wir den Lehrer nicht gehabt, sage ich, hätten wir Sie nicht gehabt, sage ich zum Fuhrmann, wer weiß. Aber auch der Wirt ist in jedem Falle immer unerläßlich gewesen. Und die Frau des Wirts und dann alles, was mit dem Watten zusammenhängt. Es ist natürlich einfach, zu sagen, ich gehe nicht mehr watten, aber es ist auch unmöglich, zu erklären, warum ich nicht mehr watten gehe. Wir wissen beide nicht, warum ich nicht mehr watten gehe, durch die Sillersche Katastrophe naturgemäß nicht mehr, sage ich, aber auch gänzlich unabhängig von der Sillerschen Katastrophe gehe ich nicht mehr watten. Ihnen sind genauso wie mir Ursache und Wirkung bekannt, aber Sie hören doch nicht auf, fortwährend von mir eine Erklärung zu verlangen, sage ich, die ich Ihnen nicht geben kann, die Sie andererseits immer von mir verlangen werden, wie ich weiß, weil Sie mir bekannt sind, Sie sind ein solcher Charakter. Damit hängt zusammen, sage ich zum Fuhrmann, daß alle immer ein Recht auf alles haben, und dieses Recht auch beanspruchen müssen, alle auf alles, verstehen Sie, wie Sie hören, was ich sage, so meine ich es. In diesem Augenblick war es mir unerträglich, sitzen zu bleiben, und ich stand auf, und der Fuhrmann stand auf. Ich hängte mir, wohl weil der Fuhrmann einen solchen anhatte, obwohl mir gar nicht kalt gewesen war, meinen Winterkotzen um, schlüpfte in meine Gummischuhe und ging aus der Baracke hinaus. *Gehen*! sagte ich, *gehen*!, und der Fuhrmann beobachtete, daß ich nicht gehen konnte. Nur um die Baracke! sagte ich. Nur einmal um die Baracke, sage ich. Der Fuhrmann ist mir zu nahe, ich sage: behalten Sie doch den Abstand! Der Fuhrmann sagt: Überall Bäumesterben! und er deutet in die Richtung zur faulen Fichte, die man aber um diese Jahreszeit von der Baracke aus nicht mehr sieht. Wie um sie mir selber wieder einmal zu zeigen, zeige ich dem Fuhrmann meine Schuhe. Hier, sage ich, habe ich eine große Schnalle anbringen lassen, sehen Sie, diese große Schnalle, die größte Schnalle, die es gibt, eine so große

Schnalle gibt es nicht, hat der Schuster behauptet, aber ich habe nicht Ruhe gegeben, und er hat eine solche große Schnalle, wie ich sie haben wollte, ausfindig gemacht. Zuerst hat der Schuster sich geweigert, in die Stadt zu gehn, sage ich, ich habe ihn aber dann gezwungen, in der Stadt, habe ich zum Schuster gesagt, sage ich zum Fuhrmann, gibt es mit großer Sicherheit eine solche Schnalle, wie ich sie haben will, und der Schuster ist in die Stadt gefahren und hat tatsächlich diese Schnalle gefunden. Alle Schuhe haben zu kleine Schnallen, geehrter Herr. Zum Fuhrmann habe ich gesagt: In der Finsternis, wenn ich mich anziehe, und immer, wenn ich mich anziehe, ist es noch finster, wenn ich mich anziehe oder ausziehe, ist es finster in der Baracke, Sie sehen ja, wie finster es selbst am hellichten Tage in der Baracke ist!, sehe ich ja die kleinen Schnallen nicht. Eine Nervenerschütterung geht durch den ganzen Körper, sage ich zum Fuhrmann, wenn ich die Schnallen an meinen Schuhen *suche*, um sie aufklappen oder zuklappen zu können. Ich bin schon so alt, daß ich die kleinen Schnallen, die die Leute heute an ihren Schuhen haben, nicht finde. Also müssen größere Schnallen her, habe ich zum Schuster gesagt, und er ist in die Stadt, und er hat diese großen Schnallen gefunden, und ich habe mir auf alle Schuhe diese großen Schnallen machen lassen. Natürlich, die Industrie spart, erzeugt diese kleinen unsinnigen Schnallen. Diese großen Schnallen kosten natürlich mehr. Wo sie kann, spart die Industrie. Kleinere Schnallen kosten weniger als größere Schnallen, sage ich. Vor allem an Bändern und Schnallen spart die

Industrie. Alle Schuhe haben heute diese kleinen lächerlichen Schnallen, die man nicht findet, ohne sich zu bücken, findet man diese kleinen lächerlichen Schnallen nicht. Diese große Schnalle aber klappen Sie *sofort* auf und zu, ohne daß Sie sich gänzlich und bis auf die Zehenspitzen, als wären Sie völlig erblindet, bücken müssen. Weil sie alle diese kleinen Schnallen an ihren Schuhen haben, sage ich zum Fuhrmann, brauchen die Leute alle so lange, bis sie ihre Schuhe anhaben. Diese große Schnalle aber, sage ich, sehen Sie!, sage ich zum Fuhrmann, klappe ich *sofort* zu, *sofort* auf und zu, eine einzige Handbewegung, und ohne daß ich mit dem Kopf auf den Boden muß, und die Schnalle ist zu. Tatsächlich ist mir in letzter Zeit alles zu klein, das kommt daher, daß meine Kurzsichtigkeit fortschreitet, von Tag zu Tag bin ich kurzsichtiger. Die Leute nützen das aus, natürlich. Kurzsichtigkeit wird ausgenützt. Ah, ein Kurzsichtiger!, sagen die Leute, und schon ist man Opfer ihrer betrügerischen Absicht. Ein Kurzsichtiger!, sagen Sie sich, und man hat einen Haufen Geld verloren. Die Industrie erzeugt alles viel zu klein heute, sage ich zum Fuhrmann, sie macht alles zu kurz und zu eng, und die Qualität ist die schlechteste. Im Grunde laufen die Leute mit Kleidern herum, die ein Betrug sind, weil sie zu kurz sind, zu eng sind, zu schlecht sind. Die Leute haben aber auch längst kein Gefühl mehr für Qualität. Für Haltbarkeit. Für Erstklassigkeit. Schon in kurzer Zeit zerfällt alles, was man anrührt. Aber die Industrie hat nichts anderes im Kopf, als Erzeugnisse auf den Markt zu werfen, die in kurzer Zeit wertlos sind. Man schlüpft in ein Hemd hinein, sage ich, und es zerreißt, in die Hose, und sie zerreißt, man setzt den Hut auf, und er zerreißt. Man kann anziehen, was man will, es zerreißt in kürzester Zeit, wäscht man es, geht es ein usf. Zieht man an neuen Schuhbändern, zerreißen sie, klappt man die Schnallen zu, zerbröckeln sie, bückt man sich im neuen Mantel, zerreißt er, alles zerreißt und zerbricht und zerbröckelt, das ist der Fortschritt. Denken Sie nur an die Türklinken, sage ich zum Fuhrmann, die man heute zu kaufen bekommt, man macht eine Tür auf, und man hat die Klinke in der Hand, und alles ist peinlich usf. Man dreht am Fenstergriff, und das Fenster fällt einem auf den Kopf, man hebt einen Kübel voll Wasser auf, und man hat nur noch den Henkel in der Hand. Und ich erzählte dem Fuhrmann die Geschichte von der Brille meiner Schwester. Ich sage zum Fuhrmann: ein Jahr vor ihrem Tod ist meine Schwester zum Optiker in die Stadt, einer neuen Brille wegen. Diese mühseligen Wege, die man gehen muß, will man eine neue Brille, sage ich. Um zu einer gewöhnlichen Brille zu kommen, fährt meine Schwester zweimal, dreimal, viermal in die Stadt, weil der Optiker nicht nur einmal, sondern dreimal und viermal, gar fünfmal ihre Augen überprüfen muß. Endlich bekommt meine Schwester, Sie erinnern sich, diese kleine zierliche, wie ich kurzsichtige Frau, ihre Brille und sie kommt nach Hause, in mein Zimmer herein, um mir die Brille zu zeigen, ich sitze am Schreibtisch, lese gerade Forster, *Reise um die Welt*, ich will nicht gestört sein, sage ich, ich lese Forster, sage ich, Forster, hörst du!, sage ich, siehst du denn nicht, daß ich Forster lese?, frage ich, aber meine Schwester läßt sich nicht abhalten, sie betritt das Zimmer und bleibt im Zimmer stehen, und ich kann sie ja nicht hinauswerfen; es ist mir nicht klar, warum sie, die immer alle meine Befehle geachtet hat, gerade diesen Befehl, mich in Ruhe zu lassen, mich mit Forster allein zu lassen, *miß*achtet, da sehe ich, warum: sie hat die neue Brille auf. Sie komme gerade aus der Stadt, sagte sie, die Brille sei fertig, sie habe die neue Brille auf, endlich sei die neue Brille fertig, tatsächlich!, sage ich, die neue Brille, sie könne jetzt wieder auf die kürzeste Distanz alles sehen, sagte sie, wenn die neue Brille auch keine Lesebrille sei, wie der Optiker meinte, sei sie doch eine Brille für die kurze Distanz, wenn auch nicht für die kürzeste, in einer Entfernung von einem Meter könne sie alles sehen, ja auch noch in einer Entfernung von einem halben Meter. Endlich die Brille! wiederholt sie, es mache ihr nichts aus, daß sie acht Wochen lang auf die Brille warten und fast zehnmal wegen dieser Brille in die Stadt habe fahren müssen, daß sie der Optiker so lange zum Narren gehalten hatte, die Optiker halten einen immer zum Narren, sie habe ihre Brille, und die Brille sei gut, gut und schön, und sie will mir die Brille zeigen und nimmt die Brille herunter, und ich sage, sie solle die Brille wieder aufsetzen, und sie setzt die Brille wieder auf, und die Brille zerfällt. In sieben oder acht Stücke zerfällt die Brille. Ja, sage ich zum Fuhrmann, wie mit dieser Brille, ist es mit allem. Die Industrie macht alles nur für das Auge und für den schlechten Geschmack der Massen, verstehen Sie! Und sehen Sie, die Schnallen auf meinen Schuhen sind auch, nachdem ich sie zwei- oder dreimal auf- und zugeklappt habe, abgebrochen, und so habe ich mir neue Schnallen machen lassen. Das war nicht einfach, einen Menschen wie den Schuster dazu zu bringen, mir neue Schnallen auf meine Schuhe zu machen, sage ich. Natürlich frage ich mich oft, ob diese Schnallen nicht viel zu groß sind, ob nicht kleinere Schnallen genügt hätten, größere als die alten Schnallen, aber nicht so große wie die neuen, halb so große Schnallen, sage ich. Aber mir sind die Leute gleichgültig, was die Leute denken, interessiert mich nicht, hat mich noch nie interessiert, sie mögen über meine Schnallen denken, was sie wollen. Tatsächlich ist es leichter, diese Schnallen auf Lederschuhe zu nieten, viel schwerer ist es, diese Schnallen auf Gummischuhe zu nieten. Sie wissen ja, ich gehe lieber in Gummischuhen. Daß ich viel lieber in Gummischuhen herumrenne, ist bekannt. Man kennt mich nur noch in Gummischuhen. Gummischuhe haben die größten Vorteile. Andererseits richte ich mir die Füße zugrunde. Ausgesprochene Schweißmacher sind diese Gummischuhe, sage ich. Aber in meinem Alter und in meiner Situation ist es vollkommen gleichgültig, ob ich in Gummischuhen oder in Lederschuhen herumrenne, in jedem Falle renne ich lieber in Gummischuhen herum. Ich bin in dem Zustand der völligen Gleichgültigkeit, sage ich zum Fuhrmann. Tatsächlich habe ich noch Dutzende Paare von Schuhen, die ich alle verschenken werde. *Noch verschenke ich meine Schuhe nicht,* aber eines Tages werde ich alle meine Schuhe verschenken. Bei jeder Gelegenheit habe ich mir ein Paar Schuhe gekauft. Wo ich auch hingekommen bin, zuerst bin ich in ein Schuhgeschäft und habe Schuhe probiert, Dutzende Paare probiert, probiert, probiert, sage ich, und in jedem Falle ein Paar Schuhe gekauft. Ich habe mir in Paris Schuhe gekauft, in London, in Krakau, in Warschau, in Oslo, sage ich. In Kanada habe ich mir ein Paar kanadische Stiefel gekauft. Weil ich in meiner Jugend so viel herumgereist bin, aus Verzweiflung, denke ich, aus Lebensüberdruß, sage ich zum Fuhrmann, habe ich naturgemäß die verschiedenartigsten Schuhe, alle meine Schuhe sind von der unterschiedlichsten Machart, die besten Leder, sage ich, die feinsten Futter. Ich bearbeite heute noch meine Schuhe mit slowakischen Fetten, sage ich. Ich fette die Schuhe ein, aber ich ziehe sie nicht mehr an. Weil ich nur noch Gummischuhe anziehe. Die halte ich unter die Wasserleitung, wenn sie schmutzig sind, sage ich. Das Einfetten meiner Schuhe hat mir immer das größte Vergnügen gemacht, sage ich. Ganze halbe Tage habe ich mit dem Einfetten meiner Schuhe verbringen können. Ich denke: ich stehe vor der Tür und bearbeite meine Schuhe. Aber wahrscheinlich werde ich bis an mein Lebensende niemals mehr ein Paar Lederschuhe anziehen, sage ich, denn ich gehe nur noch in Gummischuhen. So gehe ich schon jahrelang in Gummischuhen und schäme mich nicht, geniere mich nicht. Auch auf Begräbnisse gehe ich in den Gummischuhen, neuerdings in den Gummistiefeln. Sommer und Winter in Gummischuhen, Gummistiefeln. Lederschuhe sind ein

Anachronismus, denke ich. Ich frage mich natürlich, warum ich auch auf die Lederschuhe die großen Schnallen habe machen lassen, denn aller Voraussicht nach ziehe ich ja niemals mehr einen Lederschuh an. Aber natürlich kann es sein, denke ich, daß nach meinem Tode Leute diese meine Lederschuhe anziehen, und diese Leute werden diese großen Schnallen als einen großen Vorzug empfinden, denke ich. Durchaus kann es sein, sage ich zum Fuhrmann, daß nach meinem Tod ein Mensch in der Baracke lebt, hier existiert, hier in der Finsternis existiert und dann die großen Schnallen an den Schuhen, die ich ihm hinterlassen habe, als einen großen Vorzug empfindet. Sehen Sie, sage ich, ich bücke mich, der Fuhrmann beobachtet mich, ich klappe die Schnalle meines rechten Schuhs auf, sehen Sie, sage ich, wie leicht die Schnalle aufgeklappt ist, und der Fuhrmann nickt, und ich sage: sehen Sie, so schnell springt die Schnalle wieder zu, und der Fuhrmann nickt, nachdem die Schnalle zugeklappt ist. Keine andere Schnalle springt so schnell auf, ist so schnell zugeklappt, sage ich. Es hat mich die größte Anstrengung und Diplomatie gekostet, sage ich, den Schuster von der Notwendigkeit dieser großen Schnallen zu überzeugen. Mag er auch gedacht haben, ich sei ein Narr, jetzt erzählt er voll Stolz *von den großen Schnallen auf meinen Schuhen*. Gut, sage ich zum Fuhrmann, gehen wir wieder in die Baracke. Keinen Augenblick hat der Fuhrmann gedacht, sich zu verabschieden, mich allein zu lassen. Es ist dieses Unglückswetter, in welchem der Gesündeste krank wird, sage ich. Der Fuhrmann hat wieder Platz genommen in seinem Sessel. Ich beobachte ihn. Er beobachtet mich. Plötzlich erzählt er von dem Reisenden und von der Erzählung des Reisenden.

Der Reisende

Gestern gegen elf in der Nacht, erzählte der Fuhrmann, habe, auch für den Wirt überraschend, der Reisende, der vor zwei Monaten den Papiermacher Siller auf einem Baum an der Schottergrube gefunden hat, das Gastzimmer betreten. Der Reisende habe sich wortlos und ohne daß der Wirt ihn daran gehindert hätte, an den Wattisch gesetzt, an welchem er, der Fuhrmann, den ganzen Oktober und die ganze Novemberhälfte keinen Menschen habe sitzen sehen. Die Situation, die durch das Ausscheiden des Papiermachers entstanden ist, die Erschütterung in allen, die ihn gekannt haben und die auch nur in der geringsten Beziehung zu ihm gestanden haben, sei dem Fuhrmann durch die Erzählung des Reisenden auf einmal wieder in ihrer ganzen Merkwürdigkeit zu Bewußtsein gekommen. Und natürlich durch die Instinktlosigkeit des Reisenden, der, kaum hatte er am Wattisch Platz genommen, gleich Bier, Brot, Essigwurst und Salz bestellt und von dem armen Siller zu reden angefangen hat, von den Umständen, unter welchen er den Selbstmörder aufgefunden hat, mit der größten Rücksichtslosigkeit habe der Reisende darüber geredet, tatsächlich auf erschreckende Weise. Hatten die Papiermacher, die um diese Zeit noch im Gasthaus gewesen waren, meinte der Fuhrmann, gerade noch schweigend und in der Witterung entsprechender dumpfer Gemütsverfassung mit den ihnen an einem solchen drückenden Abend noch zur Verfügung stehenden Mitteln auf das mühevollste versucht, ihren Gasthausaufenthalt zu verlängern, ihr warm gewordenes Bier in Ruhe auszutrinken, die sie zweifellos peinigende kommende Nacht durch Verlängerung des Abends zu verkürzen, wendeten sie jetzt ihre ganze Aufmerksamkeit dem Reisenden zu, der, zu ihrer Überraschung, ihnen an diesem Abend auf einmal *vollkommen anders als zwei Monate vorher,* als sie alle noch unter dem unmittelbaren Eindruck des Selbstmordes des Papiermachers Siller gestanden hatten, der Reisende jedoch naturgemäß auf das schädlichste unter dem Druck der ihm mit ihren bohrenden Fragen zusetzenden Gendarmeriebeamten, die Geschichte vom Ende des Papiermachers Siller in allen Einzelheiten erzählte, wie der Reisende beteuerte, jetzt, zwei Monate später, nach so großem Gefühls- und Verstandesabstand, die volle Wahrheit. An dem Mittwoch, sagte ich, sind wir alle watten gegangen, ohne watten gehn zu können. Ein Föhnexzeß, sagte ich. Alle in den Wald, um watten zu gehn, jeder aus einer anderen Richtung in den Wald hinein, um watten zu gehn. Sie wissen, sagte ich zum Fuhrmann, daß ich vier Stunden im Wald umhergeirrt bin, vier Stunden!, Sie zwei Stunden, aber ich vier Stunden! Und immer wieder an der Schottergrube vorbei. Auch der Lehrer hat die Orientierung verloren, sage ich. Wie man jetzt weiß, hatte auch der Papiermacher

Siller die Orientierung verloren, Sie selber haben ja behauptet, sage ich zum Fuhrmann, Sie hätten die Orientierung verloren, vollkommen verloren, sage ich. Die gesunde Konstitution des Fuhrmanns und das aus dieser seiner gesunden Konstitution resultierende Orientierungsvermögen hat ihn, den Fuhrmann, vor dem völligen Orientierungsverlust bewahrt. Sie sind der einzige, sage ich, der ohne den geringsten Schaden aus diesem katastrophalen Mittwoch hervorgegangen ist, denn tatsächlich sind die *zwei* Stunden, die Sie im Wald haben hin und her laufen müssen, nichts gegen die *vier* Stunden, die ich im Wald umhergeirrt bin. Der Lehrer, sage ich, hat sich den Kopf angeschlagen und ist auch noch in den Tümpel gefallen, wie Sie wissen, seine Frau entdeckte den Lehrer erst in der Frühe unter der Haustür, halb erfroren, sage ich. Und der Papiermacher hat sich aufgehängt. Wir sind alle watten gegangen und alle zusammen beinahe umgekommen. Der Papiermacher hat sich aufgehängt. Eher hätte ich an den Selbstmord des Lehrers geglaubt, sage ich zum Fuhrmann, als an den Selbstmord des Papiermachers, der Lehrer sei der Mensch, den ich immer mit Selbstmord in Zusammenhang gebracht habe, der Siller nicht. Die Natur aber ist, geehrter Herr, das wird immer wieder vergessen, eine durch und durch philosophische, und die gefährdetsten Charaktere, von welchen wir immer annehmen, es seien die unglücklichsten Menschen, gingen aus den großen und größten Schwierigkeiten immer wieder hervor, wenn auch als *die gefährdeten Charaktere.* Aber soviel ich über das Leben des Lehrers weiß, so wenig weiß ich über das Leben des Siller, sage ich zum Fuhrmann. Dieser Mensch ist mir vollkommen bekannt, habe ich immer über das Leben des Papiermachers gedacht, sage ich, während mir der Papiermacher in Wirklichkeit der unbekannteste von allen gewesen ist, wie ich jetzt weiß. Soviel ich über das Leben des Lehrers weiß, denke ich, so wenig weiß ich über das Leben des Papiermachers. Durch die Möglichkeit zu denken, und zwar immerfort mechanisch zu denken, der Papiermacher sei mir vollkommen bekannt, habe ich mich nicht mit dem Papiermacher beschäftigen müssen. Vor dieser Beschäftigung meiner Gedanken mit dem Papiermacher habe ich mich wahrscheinlich immer gefürchtet. Ich habe den Papiermacher Siller zwar immer beobachtet, sage ich, ja selbst mit dem Gehirn sein Gehirn beobachtet, mich aber doch niemals wirklich mit dem Siller beschäftigt, während ich mich doch, kann sein, jahrzehntelang, eingehend mit dem Lehrer beschäftigt habe. In Wahrheit habe ich den Lehrer in seiner ganzen Bewußtlosigkeit *studiert, durchschaut und studiert,* und ich bin in ihn eingedrungen wie in eine Menschenungeheuerlichkeit. In diesen unscheinbaren Menschen, in diesen lächerlichen Mennschen, geehrter Herr, wie in eine Mennschenungeheuerlichkeit! Wir behaupten ja oft, uns selber vor allem, verantworten uns damit vor uns selber, daß wir eine Sache kennen, durch und durch kennen, also abgeschlossen haben, nur damit wir uns mit dieser Sache (mit diesem Menschen) nicht beschäftigen müssen, weil wir die Beschämung durch diese Beschäftigung fürchten und uns selbst dadurch völlig unzuverlässig werden, geehrter Herr, weil wir die Belästigung, die wir als eine tödliche in Betracht ziehen müssen, die uns die Beschäftigung mit dieser Sache (mit diesem Menschen!) verursacht, weil wir uns selber verachten, fürchten. Nichts ist zweifellos, geehrter Herr. Ginge ich wieder watten, sage ich zum Fuhrmann, das Ganze wäre nichts als ein Elementarunfug und nichts als Traurigkeit, die im Grunde nichts als Erbärmlichkeit ist, die mehr oder weniger nichts als Verrücktheit ist. Wir sind in der allerhöchsten Konzentration, indem wir spielen. Watten. Auf dem Theater, geehrter Herr, ist selbst das Unmögliche Unterhaltung und das Ungeheuerliche als das Unwahrscheinliche ein Studiergegenstand, in Andeutung alles. Von dem Philosophen glaubt man, daß er mit seinem Gegenstand, mit der Philosophie also, umgehen könne, während er doch von seinem Gegenstand überhaupt nichts weiß. Wir wissen aber im Grunde alle nichts von den Gegenständen. Wenn die Natur einem zuvorkommt, sage ich zum Fuhrmann, obwohl ich weiß, der Fuhrmann versteht nicht, was ich sage, aber gerade dem Fuhrmann sage ich: wenn die Natur einem zuvorkommt, wenn sie, wie in diesem geheimnisvollen Wettermittwoch den Siller (oder einen anderen Menschen!), weil ihr das natürlich ist, aus der gefügigen Welt herausnimmt, wie wir glauben, eine Einzelnatur abschließt, abschließen muß, von einem Augenblick auf den andern aus einem Lebendigen einen Toten macht, womit nichts gesagt ist, sage ich, soll nicht gefragt werden: warum nicht durch die eigene Künstlichkeit? Ich sage: oft habe ich geglaubt, *ah, da ist ein Theologe!*, der dir alles erklärt und dich für dein Leben beruhigt und *ah, da ist ein Mathematiker!*, und *ah, da ist ein Künstler!*, und *ah, da ist eine einwandfreie wissenschaftliche Natur!*, immer mehr *ah, ein einfacher Mensch!*, und *ah, der allereinfachste Mensch!* der dir alles erklärt und dich für dein Leben beruhigt, aber letzten Endes hat mir kein einziger etwas erklären können, auch nicht das geringste erklären können, und kein einziger hat mich beruhigt, nicht in der lächerlichsten Sache beruhigen können, im Gegenteil, sage ich, tatsächlich bin ich mit der Zeit fortschreitend in immer größerer Unruhe. Jetzt frage ich naturgemäß nichts mehr und niemanden, keinen Menschen mehr, geehrter Herr, denn tatsächlich gibt es keinen Menschen, den man fragen kann, es sei denn, man ist ein Dummkopf. Die Masse ist wie das Wasser, sage ich zum Fuhrmann, in den Riesenbehälter, in dem sie ist, braucht man nur das kleinste Loch zu machen, und sie rinnt durch. Die einen wollen fortwährend die andern sein, geehrter Herr, denke ich, daraus und aus nichts anderm entsteht alles. Und es entsteht doch nichts als nur Menschenunglück. Wer weiß das besser als Sie! Wir wissen sehr früh, denke ich, daß wir mit unserm Gehirn nicht denken und mit unserer Sprache nicht sprechen können, denken aber doch immer mit unserm Gehirn und reden mit unserer Sprache, das Leben lang. Ich sage zum Fuhrmann: selbst wenn ich plötzlich wieder watten gehn könnte, ich ginge nicht mehr watten, weil ich jetzt weiß, daß auch watten zu nichts führt. Die ganzen Jahre haben mir den Beweis erbracht, daß auch watten zu nichts führt, außer beschleunigt in den totalen Unsinn. Man kann watten, wenn man will, sage ich, aber man wird sehen, es führt zu nichts als in den Unsinn hinein. Wie man einatmen kann, um zu sehen, daß es zu nichts führt. Leben, um zu sehen, daß es zu nichts führt. Gleich, wie lange gewattet oder gelebt wird. Die *Schach*spieler wie die *Schau*spieler, wie die anderen *Spielverderber,* sind in dem gleichen Dilemma. Und jetzt kommen Sie und wollen mich überreden, sage ich, ich solle wieder watten gehn. Ich werde nicht mehr watten gehn, sage ich. Ich denke: nein, nicht mehr. Zwanzig Jahre habe ich gewattet, geehrter Herr, jetzt nicht mehr. Wenn Sie unbedingt wieder watten wollen, sage ich zum Fuhrmann, suchen Sie sich einen anderen Mann, gehn Sie zum Urban, reden Sie mit dem Fleischhauer. Der arme Siller als der Schwächlichste unter uns, sage ich. Niemals wäre ich auf den Gedanken gekommen, daß ein solcher Mensch, ein solcher ordnungsliebender Mensch, sich umbringen, Selbstmord begehen könnte. Ein solcher, in welchem wohl immerfort *Ursache,* aber doch überhaupt kein *Wille* zum Selbstmord gewesen ist. Wie doch alle Menschen, geehrter Herr, Ursache, Grund haben, ihre Existenz abzutöten, aber doch nicht den Willen dazu, und andere gewillt sind und nicht die Kraft haben, und wieder andere den Willen und die Kraft dazu, aber keine Möglichkeit. In den kompliziertesten wie in den einfachsten Menschen ist aber doch jedenfalls mindestens einmal pro Tag alles ein Grund. Der arme Siller konnte in zwanzig Jahren nicht watten, denke ich. Aber seine Anwesenheit war

notwendig, sage ich. Sitzen Sie gut? frage ich den
Fuhrmann, dann sage ich: was also erzählte der Reisende? Ich hasse die Reisenden, sage ich. Gegen Reisende habe ich immer das größte Mißtrauen, und sie
sind mir die widerwärtigsten Menschen. Was sagte
der Reisende? Der Fuhrmann sagte, der Reisende sei
gestern, wie auch zwei Monate vorher, gerade aus
Wels über Lambach ins Gasthaus gekommen, wie vor
zwei Monaten, erschöpft, wie sich denken läßt, und er
habe, wie vor zwei Monaten, gestern gleich Bier und
Essigwurst, Salz bestellt und sich beim Wirt (einem
der übelsten Menschen, geehrter Herr!) über die Kauf-
lust wie über die sogenannte, unter den Reisenden ge-
fürchtete Kaufmüdigkeit der kleinen Gemischtwaren-
händler, von welchen er, und das heißt seine ganze
Existenz, vollständig abhängt, aufklären lassen, sich
sofort erkundigt, ob der Fall des Papiermachers Siller, von welchem man damals angenommen hat, er
sei in die Traun gegangen, in der Zwischenzeit aufge-
klärt worden sei. Der Wirt brachte dem Reisenden
ein zweites Glas Bier und noch ein Glas Bier und
setzte sich zu ihm an den Wattisch, sagte der Fuhrmann. Während mir der Fuhrmann von dem Reisenden erzählte, geehrter Herr, hatte der Fuhrmann den
Eindruck, ich hörte ihm gar nicht zu, er stellte aber
auf einmal fest, daß ich, obwohl ich meine Papiere
ordnete, oder mir wenigstens den Anschein gegeben
hatte, ich ordnete meine Papiere, mit der größten
Aufmerksamkeit zuhörte, und er sagte: Der Wirt hat
dem Reisenden gesagt, man habe die Traun in ihrer
ganzen Länge nach dem Siller abgesucht. Möglicher-

weise ist er schon so weit abgetrieben, daß man ihn nie mehr finden wird, haben alle gedacht, sagte der Wirt zum Reisenden, sagte der Fuhrmann. Über den vermißten Papiermacher zu reden, sei wochenlang eine Gewohnheit gewesen, es habe niemanden gegeben, der nicht über den vermißten Siller gesprochen hätte, und nicht nur in der nächsten Umgebung sei der Papiermacher Gesprächsstoff Nummer eins gewesen. Traf man einander, sagte der Wirt zum Reisenden, sagte der Fuhrmann, kam man sofort auf den Siller. Er sei nur mit einer langen braunen Wochentagshose und mit einem grauen Wochentagshemd bekleidet gewesen, sagten die beiden, der Wirt und der Reisende, sagte der Fuhrmann, der Reisende sagte wieder, daß er aus der Hosentasche des Siller eine Samstagausgabe des *Linzer Tagblattes* habe herausschauen sehen, die aber dann, wie man den Siller vom Baum heruntergeschnitten hat, merkwürdigerweise, sagte der Reisende jetzt, meinte der Fuhrmann, nicht mehr in der Hosentasche des Siller gesteckt habe. Ich habe aber mit meinen Augen gesehen, habe der Reisende gesagt, sagte der Fuhrmann, daß in der Hosentasche des Siller das *Linzer Tagblatt* steckt. Barfuß war der Papiermacher an dem Mittwoch von zu Hause in die Fabrik und aus der Fabrik über die Holzbrücke watten, das heißt in Wirklichkeit in den Wald gegangen, barfuß hatte er sich aufgehängt. Immer wieder wiederholte der Reisende das Wort *barfuß*, sagte der Fuhrmann. Der Siller habe achtzig Schilling bei sich gehabt, genug für ein paar Gläser Bier und für den Watteinsatz. Daß seine Ehe unglücklich gewesen sein müsse, davon war die Rede gewesen, daß der Siller unter seiner trübsinnigen Frau nichts zu lachen gehabt habe usf. Immer wieder habe der Wirt zu dem Reisenden gesagt, daß der Siller seine Frau in einer Lungenheilstätte, in welcher er als Heizer beschäftigt gewesen war, kennengelernt habe, und der Reisende habe immer wieder gesagt: aha, in einer Lungenheilstätte, in einer Lungenheilstätte also. Gegen den Willen seiner Eltern habe der Siller die Lungenkranke geheiratet. Und sei durch diese Ehe, habe der Wirt immer wieder gesagt, sagt der Fuhrmann, selbst lungenkrank geworden. Zeitweise sei er ansteckend gewesen, auch in den letzten Wochen. Davon wußte ich, geehrter Herr. Kinder hielt man von ihm fern, habe der Wirt zum Reisenden gesagt, die Zimperlichen fürchteten seine Nähe. Es gab Leute, sagte der Wirt zum Reisenden, sagt der Fuhrmann, die aufstanden und weggingen, wenn der Siller ins Gasthaus hineinging. Der Siller spielte die Ziehharmonika und machte, nicht weil ich, sein Arzt, ihm das empfohlen habe, nein, aus eigenem Antrieb, geehrter Herr, weite Spaziergänge in den Wald, er ging längere Strecken zu Einkaufszwecken zu Fuß, immer barfuß, mit Vorliebe wanderte er an den Ufern der Traun, an dem einmal schönen reißenden, jetzt häßlichen aufgestauten Fluß, den er liebte und den bis in die unscheinbarsten Einzelheiten hinein zu erforschen ihm Freude machte. Wenig zu reden, dafür aufmerksam zuzuhören, eine Eigenschaft, die mit seiner jahrelangen Krankheit zusammenhing, ein ständig-inständiges Bedürfnis nach Einsamkeit, ungestörtem Alleinsein, kennzeichnete ihn, das Bewußtsein, daß er im Grunde schon einmal gestorben, durch die hohe Ärztekunst (so er selbst!) aber auf einmal ein zweites Mal wohl als der gleiche, aber doch als ein vollkommen anderer wieder am Leben gewesen war. Er selbst teilte seine Existenz immer in zwei Hälften, in die *vor* dem Aufenthalt und *vor* der Operation in der Lungenheilstätte und in die *nachher*. Der Geringschätzung, die von allen Seiten her, solange er existierte, auf ihn drückte, begegnete er in der zweiten Lebenshälfte mit Gleichgültigkeit. Er habe nicht aussprechen, aber doch wissen können, daß seine Existenz eine von Millionen und ohne den geringsten Sinn, eine entsetzliche, aber doch immer wieder zum Überdruß aus sich selber heraus lebensfähig gewesen war, schrieb ich in mein Notizbuch an dem Tag, an welchem man ihn aufgefunden hat. Wenn er während des Wattens von mir beobachtet war, hatte ich immer den Eindruck gehabt, er empfinde sich selbst als beendet, müsse aber, weil er den Zustand zu ändern nicht befähigt war, immer weiter und weiter in einen unbestimmbaren fürchterlichen Zeitpunkt hinein existieren, was ihm fortgesetzt eine in nichts gerechtfertigte Qual gewesen war. Den plumpen Witz, geehrter Herr, und die ordinäre Vertraulichkeit, die hundsgemeine Lebensfloskel, die wir, die andern, aus Mangel an selbstverständlicher Lebenskunst immerfort anwenden, um die Zeit zu überbrücken, verabscheute der einfache Mensch. Watten war ihm nicht mehr, nicht wie uns letzten Endes doch nichts als Mittel zur Unterhaltung und Zeitverschwendung, eine rücksichtslose Existenzzerbröselung, sondern unbedingte Notwendigkeit. Nicht aus Zufall war der Siller an jedem Mittwoch der erste von uns im Gasthaus, während ich immer der letzte gewesen bin. Am Mittwoch, so seine Frau, sei der Papiermacher schon in der Frühe ein anderer gewesen als an den übrigen Wochentagen. Zu sagen aber, er wäre am Wattag glücklich gewesen, wäre doch eine unzulässige Übertreibung. Der Reisende vergewisserte sich seiner Zuhörer, sagte der Fuhrmann, der während der Erzählung des Reisenden am Nebentisch gesessen hatte, und meinte, daß er tagelang überlegt habe, ob er denn überhaupt jemals wieder in dem Gasthaus, in welchem ihm das letztemal in Zusammenhang mit dem Siller so viel Unannehmlichkeiten gemacht worden sind, Quartier nehmen solle, einer, zugegeben, ihm recht angenehmen Gewohnheit wegen in neue Unannehmlichkeiten stürzen, einen möglicherweise noch unangenehmeren Zustand mutwillig herbeiführen, wo er doch dazu in keiner Weise gezwungen sei, er könne ja übernachten, wo er wolle, und er habe noch während er schon auf das Gasthaus zugegangen war, denken müssen, daß er, sooft er in Zukunft das ›Racher‹ betritt, immer und vielleicht gar zeitlebens mit dem Papiermacher Siller in Zusammenhang gebracht werden wird, mit dem Selbstmord des Unglücklichen, den gerade er hat auffinden müssen, wahrscheinlich werde er, meinte der Reisende, sagte der Fuhrmann, in Zukunft, auch wenn er selber gar nicht mehr daran denken sollte, die ganze Sache vergessen hat, immer wieder mit dem Siller konfrontiert werden. Ein anderer, habe der Reisende gesagt, sagt der Fuhrmann, wäre nicht mehr im ›Racher‹ abgestiegen. Ein solcher mehr oder weniger unheimlicher Zusammenhang, wie er jetzt zwischen ihm, dem Reisenden, und dem Selbstmörder Siller bestehe, sei lebenslänglich, soll der Reisende gesagt haben. Freilich, habe er gesagt, jeder hätte den Siller finden können. Er habe sich auch, als er den Toten aufgefunden hat, gefragt, ob er nicht diese Tatsache einfach verschweigen solle. Er hätte sich damit die ganzen rücksichtslosen Verhöre, den brutalen Wortwechsel mit der Gendarmerie, die abscheuerregende Neugierde aller immer wieder Umstehenden erspart, alle Auslassungen, Verdächtigungen, Vermutungen, Gemeinheiten in diesem Zusammenhang. Man habe aber dann, wenn man eine solche Entdeckung, wie die Entdeckung eines Toten, verschweigt, soll der Reisende gesagt haben, ein schlechtes Gewissen auf Lebenszeit. Er sei auch nicht der Menschentypus, dem alles Schreckliche, alles Widerwärtige und wenn auch nur Rätselhafte an seiner Herzenskälte zu nichts gefriere. Allein die Feststellung, daß die Leiche schon längere Zeit in Verwesung begriffen war, habe ihn, den Reisenden, ohne weiteres von seiner Entdeckung Meldung erstatten lassen. Er habe den Toten zuerst an seinen nackten Füßen berührt, habe der Reisende gestanden, sagte der Fuhrmann, und sich in seinem plötzlichen Ekel vor dieser Handlungsweise seine Hände auf dem nassen Moosboden abgewischt. Der Versuchung, die Hosentaschen des Toten zu durchsuchen, wie üblich, umzudrehn, sei in ihm groß gewesen, sagt der Fuhrmann. Daß es sich um einen jün-

geren Menschen handle, habe der Reisende gleich
denken müssen, daß er den Menschen schon einmal
gesehen habe, alles in allem habe sich der Reisende sofort gesagt, daß es sich bei dem Toten um einen Papiermacher aus der Fabrik handeln müsse. Daß der
an dem Baum Hängende an die vierzig sei und daß
er, der Reisende, ihn wahrscheinlich aus dem Gasthaus kenne. Große, auffallend lange Arme, habe der
Reisende immer wieder gesagt. Wie er sich aber so
rasch als möglich von der Leiche entfernt hat, habe
sich der Reisende gefragt, ob er die Meldung dem
Wirt oder gleich der Gendarmerie machen solle. Die
Gesetzesvorschrift in diesem Punkt ist ja in dem entscheidenden Augenblick keinem Menschen bekannt,
und jeder handelt in einem solchen Falle gefühlsmä-
ßig. Der Reisende hastete, wie er dem Wirt angab,
zuerst in die Richtung, in welcher er die Gendarmerie
vermutete, verirrte sich aber gänzlich, sagt der Fuhrmann. Mehrere Male kam er immer wieder an die
Schottergrube zurück. Über eine Stunde sei der Reisende im Wald hin und her, bis ihm ein plötzlich auf-
flackerndes Licht das Gasthaus anzeigte. In einem
Wald wie in diesem, geehrter Herr, verliert ein
Mensch, der diesen Wald nicht durch und durch kennt,
bald die Orientierung, und tatsächlich kann die Un-
vorsichtigkeit, einen Wald wie diesen, den man nicht
kennt, noch dazu in der Nacht und noch dazu in der
größten Erregung und noch dazu in einer Jahreszeit
wie in dieser, eine tödliche sein. Daß man die längste
Zeit die Vermutung gehabt habe, der Siller sei in die
Traun, meinte der Wirt immer wieder zum Reisen-

den, weil alle, die in dieser Gegend Selbstmord begehen, in die Traun gehen, angeschwemmt am Wehr sind sie, oft unter Hunderten von Zuschauern, zuschauenden Papierarbeitern, nur unter den größten Schwierigkeiten an die Stangen zu bringen und herauszuziehen. Man ist, wie man Siller vermißt hat, sofort ans Wehr und hat dort gewartet. Man hat drei Tage gewartet. Vier Tage. Von Siller keine Spur. Man ist nicht auf den Gedanken gekommen, Siller habe sich nicht in die Traun gestürzt, sondern auf eine andere Weise umgebracht. Daß er sich umgebracht haben muß, davon waren sie überzeugt. Man ist den ganzen Fluß hinauf mit den Stangen, die Rettungsmänner sind in die Zille gestiegen und haben die Flußmitte abgesucht, die Strömung, denn wie oft ist einer in der Flußmitte an einem Holzpflock hängen geblieben. Nichts. Sie haben einen Mann am Wehr postiert, der auch noch am sechsten und siebten Tag am Wehr gestanden hat. Schließlich haben sie die Suche nach dem Papiermacher aufgegeben und sich mit dem Gedanken abgefunden, daß er weit abgetrieben ist, möglicherweise bis in die Gegend von Wels. Sie warteten auf eine diesbezügliche Meldung, aber sie blieb aus. So wendete man sich schließlich von dem Siller ab und seiner Frau zu. Gerade als sie den Siller für immer vermißt glaubten, machte der Reisende seine Entdeckung, geehrter Herr. Es ist Ihnen ja sicher nicht unbekannt, daß Reisende dafür bekannt sind, solche Entdeckungen zu machen. Die Reisenden finden Selbstmörder, verlorene Schmuckstücke, hohe Geldbeträge, und sie werden überhaupt immer mit dem Kriminalistischen in Beziehung gebracht. Auch aus diesem Grund sind uns die Reisenden unheimlich. Mir sind die Reisenden widerwärtig, sage ich zum Fuhrmann. Wo ein Reisender ist, ist auch ein Verbrechen, sage ich. Die Auffindung Sillers durch den Reisenden hat gezeigt, daß nicht alle Selbstmörder in die Traun gehen, in Zukunft wird man nicht nur ans Wehr gehen, sondern auch den Wald durchsuchen müssen. Mir ist nicht erinnerlich, daß sich in den letzten zehn Jahren, seit dem Selbstmord des Raiffeisenkassenleiters Pöll, der sich auf dem Höhepunkt des Pöllschen Verschuldungsskandals aufgehängt hat, einer in der Gegend aufgehängt hat. Geehrter Herr, einer meiner immer wiederkehrenden Träume ist folgender: ich schaue in die Traun hinein und sehe Hunderte und Tausende Leichen in der Traun, eng aneinander, sie bilden eine weißlich-gelbe Körpermasse unter der klaren Wasseroberfläche, die ihr Poetisches hat. Sehe ich unter der Leichenmasse ein Gesicht, ist es mir bekannt. Die Klarheit des Wassers und die Unbeweglichkeit und Trübsinnigkeit der Leichenmasse unter der Oberfläche kontrastieren auf eine tatsächlich wunderbare Weise miteinander. Weil die Verwesung des Siller schon so weit fortgeschritten war, hatten sie die Leiche ohne Verzögerung, und das heißt ohne jede Formalität, auf dem Friedhof verscharrt, und naturgemäß ist außer dem Totengräber, dem Wirt und den Gendarmen und zweier mit Siller befreundeter Arbeitskollegen, die aus purem Zufall in der Nähe des Friedhofs gewesen waren, wie man die Leiche hineinschaffte, kein Mensch Zeuge der Ver-

scharrung gewesen, denn die Witwe, die man in Eile
verständigt hatte, war zu Hause geblieben. Ein Reisender also, der im Gasthaus abgestiegen ist und dort
schon seit Jahren absteigt, wie Sie sagen, sage ich zum
Fuhrmann, und den ich, wie Sie behaupten, nicht
kenne. Natürlich kenne ich diesen Reisenden nicht,
sage ich. Der Sachverhalt ist der, berichtet der Fuhrmann: Der Reisende hat in der Nacht nicht schlafen
können und ist aus diesem Grund, wie er den Gendarmen angegeben hat, nur notdürftig bekleidet,
gegen zwei Uhr früh aus dem Gasthaus in den Wald,
aus Angst, *die ganze Nacht* nicht einschlafen zu können. Mehrere Stunden ist der Reisende kreuz und
quer durch den Wald geirrt, bis er an die Schottergrube gekommen ist. Dort hat er die Leiche entdeckt.
Zuerst also hat der Reisende von seiner Entdeckung
keinerlei Mitteilungen machen wollen, sage ich, um
sich eine Reihe Widerwärtigkeiten zu ersparen, die
zweifellos mit einer solchen Entdeckung immer zu-
sammenhängen. Jeder Mensch kann eine solche Entdeckung machen, sage ich, und der Fuhrmann berichtet: der Reisende ist, seinen Angaben nach, in der
Überlegung: melde ich, was ich entdeckt habe, oder
melde ich es nicht?, hin und her gegangen, zuerst hin
und her *gegangen,* dann hin und her *gelaufen,* er
fragte sich fortwährend, ob es nicht vernünftiger sei,
keine Meldung von der Entdeckung zu machen. Allerdings habe er gedacht, meint der Fuhrmann, daß der
Tote zweifellos schon mehrere Tage an dem Baum
hänge und man ohne weiteres einen schon mehrere
Tage an einem Baum hängenden Toten anzeigen

könne. Der Reisende entschloß sich aber erst zwei Stunden nach Auffindung der Leiche, davon Meldung zu machen, sage ich. Der Fuhrmann: Hier müsse, hat sich der Reisende, kurz bevor er die Leiche entdeckt hat, gesagt, ein verwesender Mensch sein. Der Verwesungsgeruch eines Menschen ist dem Reisenden bekannt, sagt der Fuhrmann. Tatsächlich stieß der Reisende dann in der Finsternis auf die Leiche, die an einem kräftigen Ast hing. Ein anderer, habe der Reisende zum Wirt gesagt, wäre ins Gasthaus und hätte über seine Entdeckung kein Wort verloren und hätte sich in sein Zimmer zurückgezogen und sich ausgeschlafen und wäre in der Frühe schleunigst verschwunden. Schleunigst in der Frühe weg, sage ich, und der Fuhrmann: Der Reisende weckte sofort und ohne zu zögern bei seinem Eintreten ins Gasthaus den Wirt und berichtete ihm ohne die geringste Erregung, so das Gendarmerieprotokoll, daß sich im Wald einer aufgehängt habe. Daß es sich um einen Baum knapp an der Schottergrube handle, an welchem der Siller hing, konnte der Reisende nicht angeben, weil er in der Finsternis die Schottergrube gar nicht gesehen hat. Es ist ein Wunder, denke ich, daß der Reisende nicht in die Schottergrube gestürzt ist. Ein, zwei Schritte noch, sage ich, und der Reisende wäre in die Schottergrube gestürzt. Er kehrte aber zum Glück um, er stieß an die Leiche und kehrte augenblicklich um. In der Überlegung, was jetzt, da er auf den an dem Baum Hängenden gestoßen war, zu tun sei, habe der Reisende die Orientierung verloren. Tatsächlich verlieren in dem Wald alle, die hineingehen, augenblicklich die Orientierung, geehrter Herr, ich habe noch nie einen Menschen getroffen, der in dem Wald nicht die Orientierung verloren hätte. Der Reisende hat nicht mehr gewußt, wohin, er entfernte sich aber, ohne daß ihm das tatsächlich bewußt gewesen wäre, von der Schottergrube, näherte sich *dadurch* dem Gasthaus, von dieser Tatsache hatte er aber auch keine Ahnung. Im Grund bewegte er sich sehr rasch auf die faule Fichte zu, sage ich, und der Fuhrmann: ja, auf die faule Fichte. Plötzlich hat er ein Licht gesehen und gedacht, das Licht ist im Gasthaus. Man fragte in der Frühe, wer denn das Licht aufgedreht habe in der Nacht, gegen vier Uhr früh, aber kein Mensch wußte, wer. Niemand war um die Zeit, in welcher der Reisende plötzlich ein Licht im Gasthaus gesehen hat, wach gewesen. Wie der Reisende auf das Gasthaus zuging, war das Licht wieder weg, sagt der Fuhrmann. Natürlich muß jemand das Licht aufgedreht haben, sage ich. Der Reisende hat das Licht gesehen, er hat sich nicht getäuscht, sagt der Fuhrmann. Wahrscheinlich sei das Licht seine Rettung gewesen, meinte der Reisende zum Wirt, sagt der Fuhrmann. Zweifellos wäre der Reisende, sage ich, wäre nicht plötzlich das Licht im Gasthaus aufgedreht worden, und daß ein Licht aufgedreht worden ist, ist klar, denn der Reisende hat es gesehen und gerade Reisende sind dafür bekannt, daß sie keine Halluzinationen haben, kein Reisender hat jemals eine Halluzinaton gehabt, nicht zum Gasthaus gekommen, wäre in den Wald zurück, möglicherweise vor Erschöpfung, sage ich, in die Schottergrube gestürzt. Ja, sagt der Fuhrmann, der

Reisende wäre in die Schottergrube gestürzt. Als der Reisende dem Wirt sagte, im Wald hinge ein Toter an einem Baum, schon in Verwesung begriffen, hat der Wirt gesagt, daß es sich bei dem Toten um den Papiermacher Siller handelt. Von Siller ist bekannt, daß er an jenem Mittwoch, an dem er sich umgebracht hat, keinerlei Anzeichen einer sogenannten *Sinnesverwirrung* gezeigt hat, von einer solchen *Sinnesverwirrung* des Siller ist aber monatelang gesprochen worden, alle Leute sprachen sofort, war von Siller die Rede, das Wort *Sinnesverwirrung* aus, ich sage zum Fuhrmann: Sie haben alle immer das Wort *Sinnesverwirrung* ausgesprochen. Überhaupt ist das Wort *Sinnesverwirrung* ein verheerender Unsinn, sage ich. Wenn die Leute nicht weiterwissen oder überhaupt nichts mehr wissen, dann reden sie von *Sinnesverwirrung*, wie ja überall und in allen Fällen, wie Sie wissen, geehrter Herr, von allen Leuten, sie mögen noch so gebildet sein, immer dann die sogenannte *Sinnesverwirrung* herangezogen wird, wenn Verstand und Vernunft und Gefühl am Ende sind. Mit dem Begriff der *Sinnesverwirrung*, der gar kein Begriff ist, gar kein Begriff sein kann, wird unter den Menschen der allergrößte Unfug getrieben und immer mit diesem Wort als einem Begriff unter alle menschlichen und vor allem unter alle unmenschlichen Affären ein gewissenloser Schlußstrich gezogen, überall wird dieser unzulässige Begriff, der gar kein Begriff ist, mißbraucht, ganze Völker setzen, wie Sie wissen, unter ihre in jedem Falle immer erschütternde Buchhaltung immer wieder das Wort *Sinnesverwirrung*. Sillers Frau hat angegeben, sage ich, daß ihr Mann an dem fraglichen Mittwoch besonders ruhig auf sie gewirkt habe, ja, wie schon lange nicht mehr, einen guten Einfluß auf sie ausgeübt habe, mehr als sonst gesprochen habe, nicht weniger, wie das bei Verrücktwerdenden der Fall ist, bei solchen, die langsam und bei solchen, die urplötzlich verrückt werden, diese reden auf einmal zuwenig oder überhaupt nichts, während der Siller an diesem Tage mehr geredet hat als sonst, er habe ihr in der Frühe eine Herbstreise auf den Ritten bei Bozen angekündigt, hat sie zu Protokoll gegeben, endlich die Herbstreise, die sie gemeinsam machen wollten, Verwandte aufsuchen auf dem Ritten, Bekannte, Kinder- und Jugendgespielinnen ihrerseits, darauf habe sie sich gefreut; für die Reise habe ihr Mann schon eine größere Geldsumme zurückgelegt, habe er ihr an jenem Morgen eingestanden, ihr anvertraut, wie hoch die Summe sei, und sie sei glücklich gewesen. Er wäre recht vernünftig gewesen, während sie frühstückten, hat die Siller im Verhör angegeben. Wenn er, da doch Wattag sei, habe sie zu ihrem Mann gesagt, schon barfuß gehe, solle er sich doch eine wärmere Hose, einen wärmeren Rock anziehen, denn sei es tagsüber auch vor Hitze nicht auszuhalten, eine Seltenheit um die Jahreszeit, habe sie zu ihm gesagt, so würden die Nächte um so kälter. Er habe sich aber nicht überreden lassen, wärmere Kleidung anzuziehen. Wie er selber wisse, habe sie zu ihm gesagt, meinte der Fuhrmann, sei er durch die geringste Unaufmerksamkeit, die Wärme seiner Kleider betreffend, gleich kränkelnd, kein Mensch habe sich mehr vor Verkühlungen zu schützen als er, dessen Natur die krankheitsanfälligste von Kindheit an sei, der aber vom Barfußgehen nicht abzubringen gewesen war, Jahrzehnte nicht. Sie habe ihm, während sie ausrechnete, was es auf dem Ritten kostet, ein paar Knöpfe an seinen Rock genäht, dabei fortwährend an den Ritten und die Schönheiten dort denken müssen, meinte sie. Ihr Mann sei nie für Reisen gewesen, ja nicht einmal für den bescheidensten Ausflug. Und jetzt habe er eingewilligt, daß sie beide auf den Ritten gehen, um dort ein paar Tage, *möglicherweise zwei Wochen* zu verbringen, soll er gesagt haben. Nach und nach alle ihre Verwandten zu besuchen hatten sie im Sinn gehabt, die, welche eine Sägemühle haben, die, deren Um und Auf immer ein Kaufmannsgeschäft gewesen ist, die Müller, die Forstarbeiter, Taglöhner. Logieren wollten sie bei einem Dachdeckermeister, der ihr Vetter ist. Die Armut, in welcher die beiden in einer Welt, die die Armut bald nur noch vom Hörensagen kennt, schon länger als zweiundzwanzig Jahre von der Fabrik nur durch die schmutzige, zähe, gar nicht mehr reißende und also nicht mehr erfrischende Traun getrennt, kinderlos in einer der zwölf der Fabrik gehörenden Baracken leben, empfand sie an jenem Morgen nicht als drückend. Andererseits habe sie vor den Gendarmen angegeben, daß an jenem Wattag nichts Auffälliges an ihrem Mann gewesen sei, sage ich zum Fuhrmann. Es habe keinen Grund für ein Wort mehr oder weniger gegeben an jenem Mittwoch, an welchem sich ihr Mann wie gewöhnlich auf der Holzbrücke von seinen Kollegen verabschiedete. Es sind

immer die größten Widersprüche in allen Zeugen-
aussagen. Am Abend habe sie sich früher als sonst
niedergelegt, hat sie angegeben, habe vor dem Einschlafen noch an den Ritten gedacht, an neue Wäsche für die Reise, während sie glaubte, ihr Mann
sei watten gegangen. In Wirklichkeit war aber ihr
Mann gar nicht in der Absicht, watten zu gehn, in
den Wald, sondern in der Absicht, sich aufzuhän-
gen, wie alles beweist, sage ich. Was, bevor er
sich umgebracht hat, in ihm vorgegangen ist, weiß
man nicht, sage ich. Die Arbeitskollegen, die gefragt
worden sind, ob an dem Mittwoch etwas Auffälliges
an Siller festzustellen gewesen sei, verneinten die
Frage. Wie immer, hätten sie auch an dem Wattag,
gänzlich unabhängig von der plötzlichen Hitze, an
den Maschinen wenig geredet, einmal hätten sie über
eine kurze Erzählung ihres Kollegen lachen müssen,
worüber, wußten sie nicht mehr. Auch ihnen habe
Siller von seinem Vorhaben, im Herbst mit seiner
Frau auf den Ritten zu fahren, gesprochen. Der Umgang mit ihm sei ihnen allen immer der angenehmste
gewesen. Seine Offenheit hat ihnen gefallen, Ge-
nauigkeit, Vorurteilslosigkeit, Bescheidenheit, den
Vorzug, absolut unbestechlich zu sein, schätzten sie.
Sie erinnerten sich seiner guten Ratschläge, ihre Fa-
milien betreffend. Sie seien es an die zwanzig Jahre
gewohnt gewesen, daß er sich auf der Holzbrücke von
ihnen verabschiedet, um watten zu gehn, hatten sie
angegeben. Jeden Mittwoch zur gleichen Zeit. Es
müsse doch, waren sie von allen Seiten gefragt worden, etwas Auffälliges, eine Besonderheit an jenem

Mittwoch an Siller gewesen sein, eine Kleinigkeit anders als gewöhnlich, aber sie verneinten. Fragte man sie, gaben sie zu verstehen, wie lästig es ihnen sei, nach etwas, das den Selbstmörder Siller betrifft, gefragt zu werden. In seinem Verhalten, in dem, was er sagte oder auch nicht sagte, hatte der Wirt zum Reisenden gesagt, *müsse* doch etwas anders als sonst gewesen sein. Hat er etwa langsamere Schritte als sonst gemacht? fragte der Reisende den Wirt, sagt der Fuhrmann, sich schneller als sonst von seinen Kollegen verabschiedet? abrupt vielleicht? Der Reisende stellte dem Wirt, der Wirt stellte dem Reisenden immer wieder solche Fragen, die niemand beantworten kann, sagt der Fuhrmann.

Auf die konsequenteste Weise zurückgezogen, hätte ich, sagt der Fuhrmann, wahrscheinlich überhaupt noch nicht von dem Gerücht gehört, das schon lange Zeit in Umlauf sei, und behauptet, ich ginge nur deshalb schon seit zwei Monaten nicht mehr watten, weil ich, um zum Watten und also zum Gasthaus zu kommen, durch den Wald müsse, in welchem sich der Papiermacher Siller aufgehängt hat, geehrter Herr, und ich denke, daß ich naturgemäß nicht nur aus dem einen einzigen Grund nicht mehr watten gehe, sondern aus verschiedenen Gründen, aus einer Reihe von Gründen allerdings, die Ihnen hier anzuführen mir tatsächlich unmöglich ist. Nein, aus dem Grund, weil der Papiermacher sich in dem Wald aufgehängt hat, welchen ich, will ich watten, durchqueren muß, nicht mehr watten zu gehn, sage ich zum Fuhrmann, wäre unsinnig. Eine Reihe von Gründen, sage ich, habe ich, die zu erklären mir aber unmöglich ist. Ich watte nicht mehr, sage ich. Der Fuhrmann aber sagt: kommen Sie doch morgen wieder watten! Er versuchte sich wieder in seiner Überredungskunst, was mir, weil sie so schamlos auf einmal wieder in Gang gesetzt worden war, im Augenblick peinlicher ist als ihm selbst, dem die Schamlosigkeit, mir auf einmal wieder zu sagen, ich solle watten gehn, während ich ihm doch entschieden klargemacht habe, hunderteinmal klargemacht habe, daß ich, gleich, was er dagegen einzuwenden habe, nicht mehr watten gehe, überhaupt nicht bewußt ist. Ein solcher Mensch, denke ich, empfindet niemals Schamlosigkeit. Allerdings, denke ich, habe ich dem Fuhrmann das letzte Mal eine Partie Watten in Aussicht gestellt, *einmal watte ich noch mit Ihnen,* habe ich zu ihm gesagt, aber doch nur, damit er verschwindet. Das letzte Mal haben Sie gesagt, Sie gehn wieder watten, sagt er jetzt. Darauf sage ich: ich gehe watten, habe ich das letzte Mal zu Ihnen gesagt, sage ich, weil ich Ruhe gebraucht habe, Ruhe, verstehen Sie, nicht im geringsten habe ich daran gedacht, mit Ihnen jemals wieder zu watten. Ein Mensch wie der Fuhrmann bringt einen Menschen wie mich nach und nach zur Verzweiflung, denke ich, und erreicht, daß man ihn belügt, nur um Ruhe zu haben. Ich habe gesagt, ich gehe watten, sage ich, weil Sie mich belästigt, in meiner Arbeit gestört, mir einen außerordentlichen Gedanken ruiniert haben, aber nicht, weil ich wirklich die Absicht gehabt habe, wieder watten zu gehn. Ich gehe nicht mehr watten. Sie sehen doch, daß ich nicht einmal mehr zur faulen Fichte gehen kann, geschweige denn watten. Dreimal um die Baracke herum, und ich bin erschöpft. Haben Sie denn nicht gesehen, daß ich, wie wir dreimal um die Baracke herumgegangen sind, völlig erschöpft gewesen bin? Geehrter Herr, Menschen wie der Fuhrmann sehen nichts. Begreifen nichts, sehen nichts. Er versuchte sich bei seinem Eintritt in die Baracke augenblicklich, in seiner Überredungskunst, denke ich. Wieder überraschte er mich. Ich bin mit der Beschreibung der *Toxoplasmose* beschäftigt, da kommt der Fuhrmann. Geehrter Herr, man kann einen Menschen, der plötzlich im Zimmer steht und Anstalten macht, sich niederzusetzen, auch wenn man diesen Menschen überhaupt nicht eingeladen hat, in das Zimmer hereinzukommen, und schon gar nicht, sich niederzusetzen, doch nicht hinauswerfen! Da sitzt der Doktor, mag sich der Fuhrmann denken, überrascht er mich in der Baracke, der Doktor, der sich seit Jahren von allen Leuten zurückgezogen hat, dem man die Praxis gesperrt hat und den man, gleich wo, überall als einen Verrückten bezeichnet. Zuerst, mag der Fuhrmann denken, hat sich der Doktor aus dem obersten Stockwerk des Schlosses (seines Vaters!) in das unterste Stockwerk des Schlosses zurückgezogen, dann hat er sich aus dem Schloß in die Baracke zurückgezogen, und bald, so er selber (also ich!) kürzlich, mag der Fuhrmann über mich denken, geehrter Herr, wird er sich auch aus der Baracke zurückziehen. Ich beobachte den Fuhrmann, und ich weiß, was er denkt. Er denkt, der Doktor haust in einem unvorstellbaren Chaos, und man sieht sofort, daß er nur noch in dem sogenannten Bücherzimmer existiert, alles deutet darauf hin, denkt der Fuhrmann, daß außer ihm selbst (also mir!) jahrelang kein Mensch mehr das *sogenannte* Bücherzimmer betreten hat. Bücher, Bücher, Bücher, Rezepte, Zettel, denkt er, Medikamente, Lebensmittel und Wäsche, und selbst die unsinnigsten Gebrauchsgegenstände sind sämtliche in dem *sogenannten* Bücherzimmer auf einen Haufen geworfen. Das *sogenannte* Bücherzimmer, denkt der Fuhrmann, denke ich, ab und zu, denkt er, betritt der Doktor (ich!) noch die Ordination, wie er selber sagt, zu Torturzwecken gegen sich selbst. Die Ordination ist der einzige Raum, denkt der Fuhrmann, die der Doktor außer dem *sogenannten* Bücherzimmer betritt. Aber auch in der Ordination herrscht ein unvorstellbares Chaos, denkt der Fuhrmann. Widerrechtlich, denkt der Fuhrmann, hat die Behörde, wie der Doktor selber sagt, ihm die Ordination gesperrt. Kein einziger Patient mehr, denkt der Fuhrmann. Es ist eine Infamie, dieses Zimmer neben der Ordination als Bücherzimmer zu bezeichnen, denkt der Fuhrmann, und ich denke, deshalb bezeichne ich ja auch das Bücherzimmer nicht als Bücherzimmer, sondern immer nur als *sogenanntes* Bücherzimmer, und alle wissen, daß ich das Bücherzimmer immer nur als *sogenanntes* Bücherzimmer bezeichne. Das *sogenannte* Bücherzimmer, denkt der Fuhrmann, denke ich, in welchem die Bücher in Wirklichkeit eine untergeordnete Rolle spielen. Hören zu müssen, denkt der Fuhrmann, denke ich, wie der Doktor dieses *sogenannte* Bücherzimmer immer wieder als *sogenanntes* Bücherzimmer bezeichnet, und an dieser Bezeichnung hat er anscheinend den allergrößten Genuß. Seine Kleidung, Rock, Hose, wie auch sein Hemd, mag der Fuhrmann denken, denke ich, sind schon Jahre nicht mehr gebürstet oder gewaschen, und tatsächlich ist in dem *sogenannten* Bücherzimmer ein unvorstellbarer Geruch. Ist dieser Geruch auch nicht unerträglich, so ist er doch der Geruch, der ganz bewußt von einem Menschen auf ein bestimmtes, naturgemäß von der Masse verabscheutes und ihr und allen aus allen bekannten Gründen völlig unverständliches Ziel hin konsequent praktizierten totalen Verwahrlosung, geehrter Herr. Er ist nach einer wahrscheinlich schlaflosen Nacht, denkt der Fuhrmann, denke ich, in welcher ihn (mich!) alle nur möglichen Martyrien heimgesucht haben, mit dem Ordnen von Manuskripten, Rezepten, Rechnungen, Aufzeichnungen über den Menschen*körper* genauso wie über das Menschen*gehirn*, über Krankheitsfälle, beschäftigt. Scheinbar frühstückt er, hat der Fuhrmann, wie er in die Baracke hereingekommen ist, gedacht, in Wirklichkeit ist er aber von seinem Papierhaufen besessen. Ich sagte ja selber einmal zum Fuhrmann: diese ganzen Tage, Jahre sind nichts als eine einzige Kapitulation vor diesem Papierhaufen, geehrter Herr, die Frage sei nur noch, wann diesen Haufen verbrennen. Der ganze Haufen muß verbrannt werden!, habe ich einmal zum Fuhrmann gesagt. Alles, was Sie hier auf einem Haufen zusammen sehen, muß verbrannt werden. Alles, was da herumliegt. Jahrelang, denke ich, habe ich einmal zum Fuhrmann gesagt, und daran erinnert sich der Fuhrmann, denke ich, diese ganzen Papiere müssen verbrannt werden, weil, was auf ihnen geschrieben steht, unsinnig ist, tatsächlich von einem Wahnsinnigen in seinem Wahnsinn auf diese Papiere geschrieben, oft urplötzlich in der Nacht auf diese Papiere geschrieben und in einer Sprache, habe ich einmal zum Fuhrmann gesagt, mein Lieber, die ich selber überhaupt nicht mehr verstehe, mein Lieber. Jahrzehntelang habe ich diese Papiere aufgehoben, geehrter Herr. Jetzt gehört alles verbrannt. Immer habe ich gedacht, die Papiere von einem Augenblick auf den andern zu verbrennen, und habe sie dann doch nicht verbrannt. Jetzt sage ich zum Fuhrmann, daß ich *heute* alle diese Papiere verbrennen werde. Die Tatsache, daß in diesen Papieren möglicherweise ein Satz, eine Bemerkung (oder eine Auslassung!) von einiger Bedeutung ist, hat mich den ganzen Papierhaufen immer wieder aufheben lassen, geehrter Herr. Aber selbst wenn ein bedeutender Satz oder auch ein bedeutender oder auch nur ein nützlicher oder gar ein *gemein*nütziger Gedanke (oder eine solche Auslassung!) in diesen Papieren enthalten wäre, diese Möglichkeit besteht, durchaus besteht diese Möglichkeit, geehrter Herr, glaube ich nicht, daß es gut ist, diesen ganzen Haufen medizinisch-philosophischer oder rein medizinischer oder rein philosophischer oder praktisch-medizinischer, praktisch-philosophischer, praktisch-philosophisch-medizinischer Papiere *nicht* zu verbrennen.

Was ein Mensch getan hat, was immer gedacht, das soll er auch wieder vernichten, und die Vernichtung dessen, woraus lebenslänglich existieren zu müssen er immer geglaubt hat und immer wieder gedacht hat, aus nichts anderem als daraus existieren zu *können,* nicht andern und vor allem nicht nach seinem Tod andern überlassen. Die Vernichtung dessen, was man selber erzeugt hat, verstehen Sie mich recht, geehrter Herr, ist das mindeste, was man von einem Verstandesmenschen erwarten kann. Der Augenblick aber, in welchem man diesen Gedanken nicht mehr denken kann, kann der nächste sein, geehrter Herr, und diese Tatsache ist fürchterlich. Ja, sage ich zum Fuhrmann, ich werde diese Papiere verbrennen. Heute, sage ich. Alle heute. Alle diese Papiere. Und nicht nur die Papiere, die Sie da sehen, sondern einfach *alle* Papiere, ich habe ja hier in der Baracke, sage ich, vornehmlich in der Ordination, in den Mülltonnen vornehmlich, die zu Dutzenden in der Ordination herumstehen, wissen Sie, noch eine Unmenge von Papieren, und auch im Schloß sind noch überall diese Papierhaufen, die ich im Laufe meines Lebens alle beschrieben habe. Beobachtungen, sage ich. Diese unendlich langen und mühseligen Jahre, sage ich, habe ich ununterbrochen *beobachtet,* im Grunde mein ganzes Leben nichts anderes, oder doch nichts anderes mit einer größeren Intensität getan, als beobachtet, was mich aber letzten Endes vernichtet hat, geehrter Herr, und immerfort diese Papiere beschrieben. Kein Hilfebedürfnis, sage ich. Keine Menschlichkeit, *Un*menschlichkeit, sage ich. Eine grauenhafte Gewohnheit, sage ich. Alle Einfälle, die ich jemals gehabt habe, immer wieder nichts als Nutzlosigkeit. Wahnsinn. Verbrechen. Denn nicht der Verstand ist es, geehrter Herr, den man zu Papier bringt, die Lächerlichkeit ist es, die Unfähigkeit, die Niedertracht. Dieser Gedanke, was mit allen diesen Papieren zu geschehen hat, denke ich, während ich aufwache. Und während ich einschlafe, beschäftigt mich der gleiche Gedanke. Mit einem einzigen Zündholz sind alle diese Papiere verbrannt, sage ich. Diese Gedanken, größtenteils Entwürfe zu Gedanken, sage ich, die wie alle Gedanken und alle Entwürfe zu Gedanken aus der in jedem Falle immer katastrophalen Umwelt in das Gehirn und aus dem Gehirn in die katastrophale Umwelt geworfen werden. Verbrennen, sage ich. Eigenhändig. Ich werde alle diese Papiere aus allen Zimmern heraus- und von allen Dachböden herunter- und aus allen Kellern heraufschleppen und verbrennen. Alles Wahnsinn, wissen Sie, sage ich. Plötzlich: Sie sind immer ein Frühaufsteher gewesen, während ich selbst immer ein Spätaufsteher gewesen bin. Weil Sie Frühaufsteher sind, kommen Sie schon in der frühesten Frühe und überraschen mich. Sie kommen her und wollen mich überreden. Es ist immer das gleiche: Sie sagen, ich solle wieder watten gehn, und ich verneine. Ich gehe nicht mehr watten, sage ich. Ich bin zwanzig Jahre watten gegangen. Jetzt gehe ich nicht mehr watten. Kein Watten, nein, sage ich. Und daß ich mit dem Schloß etwas Nützliches tun soll, sagen Sie. Mir ist alles Nützliche verhaßt. Auf einmal ist mir alles Nützliche verhaßt gewesen. Das Schloß interessiert mich nicht mehr, hat mich nie interessiert. Das Schloß ist unversperrt, geehrter Herr, lauter unverriegelte Türen, aber seit zwei Jahren ist kein Mensch in das Schloß hineingegangen. Eines Tages wird der Doktor wieder in das Schloß ziehen, höre ich die Leute, sage ich zum Fuhrmann, aber ich versichere Ihnen, sage ich, daß ich niemals mehr in das Schloß ziehen werde. Die Baracke akzeptiere ich. *Noch* akzeptiere ich die Baracke. Die Papiere verbrennen und in der Baracke krepieren, denke ich. Vermieten Sie das Schloß, sagen die Leute, geehrter Herr. Öffnen Sie es für Greise oder für Waisenkinder! Machen Sie eine Irrenanstalt daraus! Lassen Sie entlassene Häftlinge aus den Strafanstalten hinein! Kein Gebäude ist besser geeignet für die Aufführung großer Schauspiele! Wenn hier Wissenschaftler zusammenkämen! Künstler! Was für ungeheure Räume! Was für eine ausgezeichnete Akustik! Was für eine Einstellung den Menschen gegenüber! In dem größenwahnsinnigen Gebäudekomplex bin ich nicht einen Augenblick zu Hause gewesen, geehrter Herr. An die Unheimlichkeit der Zimmer, in welchen alle unsere Generationen, wie sie selber immer wieder gesagt haben, auf die natürlichste Weise verrückt geworden sind, will ich nicht erinnern, an die Mauern nicht, an die Möbelstücke nicht, an die erschreckende Künstlichkeit! Ich hasse nichts tiefer als die Menschen, und ich bin tagtäglich in so viele Menschen hineingegangen, daß ich jetzt durch alle diese Menschen, in die ich hineingegangen bin, zeitlebens, rettungslos verloren bin. Immer tiefer und tiefer hinein, zuerst in grenzenloser Zuneigung, dann immer tiefer und tiefer in grenzenlosem Haß. Ein Mensch taucht auf, denke ich, während der Fuhrmann schweigend beobachtet, wie ich den Papierhaufen immer noch mehr durcheinanderbringe, und ich gehe mit ihm, denke ich, und er geht mit mir, dieser Mensch, denke ich, gleichzeitig gehen wir miteinander ein Stück, und ich hasse diesen Meschen, immer mehr hasse ich diesen Menschen, und ich beobachte mich, wie ich ihn hasse und daß mein Haß gegen ihn ein ganz und gar natürlicher und dann wieder ein ganz und gar philosophischer ist und daß dieser Mensch überhaupt nicht bemerkt, daß ich ihn, während ich mit ihm gehe und er mit mir geht, hasse. Bin ich allein, will ich unter Menschen, bin ich unter Menschen, will ich allein sein, dieser Zustand hat jahrzehntelang gedauert. Bald verabscheue ich sie, bald mich selbst unter ihnen, diesen Zustand kenne ich. Immer fremde Redensarten, die sich als die eigenen unbeholfenen Redensarten herausstellen, die wir hören, die eigene grenzenlose Unbeholfenheit, den eigenen grenzenlosen Wahnsinn, die eigene grenzenlose Lieblosigkeit, den eigenen grenzenlosen Haß, geehrter Herr. Aber sage ich, was ich denke und was ich mir, während ich denke, *vorstelle,* dem Fuhrmann, geehrter Herr, so stoße ich auf ein erniedrigendes Mißverständnis. Die wir am längsten kennen, die vertrautesten Menschen, reden die fremdeste Sprache. Sie reden in der uns unverständlichen *Gemeinheit,* geehrter Herr, verstehen Sie. Ich ordne diesen Papierhaufen aus Verzweiflung, denke ich, während ich den Papierhaufen ordne, und ich weiß, daß der Fuhrmann nicht denkt, daß ich den Papierhaufen aus Verzweiflung ordne, während ich ihn ordne, weil er etwas vollkommen anderes denkt. Jeder Gedanke ließe sich völlig lautlos entwickeln, habe ich früher gedacht, jeder Gedanke am lautlosesten in die Unendlichkeit hinein, aber das ist nicht möglich, einen Gedanken völlig lautlos in die Unendlichkeit hinein entwickeln. Alle Gedanken aber lassen sich anwenden zur völligen Vernichtung unserer eigenen Existenz, wie zur Vernichtung jeder Existenz. Einen Gedanken haben, heißt ja, sich wieder um einen Gedanken von den Menschen und ihren Begriffen zuerst, dann von sich selber entfernen. Immer wieder der Gedanke, daß ich längst tot bin. Die Menschen tauchen auf, und wir entdecken, daß wir ja *noch* leben, daß wir *noch* nicht tot sind, oder *wieder noch nicht* tot sind, geehrter Herr, indem ein Mensch auftaucht, und vielleicht sind wir immer erst durch die Berührung mit einem Menschen, indem uns einer anspricht, indem uns einer verleumdet, indem uns einer haßt, am Leben. Dann denke ich, daß alles immer wieder Verstellung ist. Selbst an den einfachsten Menschen ist, befassen wir uns plötzlich mit ihnen, alles Verstellung. Zuerst habe ich geglaubt, nur die komplizierteren Menschen sind nichts als Verstellung, aber die einfachsten sind auch nichts als Verstellung. Und die Verstellung der einfachsten Menschen ist uns dann immer wieder die fürchterlichste Verdunkelung unseres Kopfes. Es ist warm, und ich wünsche, daß es sich abkühlt, und es kühlt sich ab, und ich wünsche, daß es sich erwärmt. Dieser Mensch schreibt mir einen Brief, denke ich, während ich doch von einem andern

Menschen einen Brief erwarte. Wissen Sie, daß ich oft glaube, an der Luft selbst ersticken zu müssen? In allen Büchern erscheint die Natur als eine kabarettistische, in welcher die Gedanken vollkommen abgewertet sind. Wir leben in einer kabarettistischen Welt, in welcher die hohe Kunst der Lebensvorstellung wie die noch höhere Kunst des Lebens und Existierens verhöhnt werden. An meinen Namen hänge ich, wenn ich aufwache, eine kabarettistische Existenz. Tagtäglich begehe ich auf kabarettistische Weise Selbstmord. Die Philosophie kabarettistisch. Die Religion kabarettistisch. Ein Krieg, ein riesiger Leichenhaufen, geehrter Herr, ein ganzer verlogener Erdteil, das ist alles heute ein Witz. Gerade die Verschiedenartigkeit der Charaktere, sage ich zum Fuhrmann, die entgegengesetztesten, wie der Charakter des Lehrers und *Ihr* Charakter, wie mein Charakter und Ihr Charakter, wie der Charakter Sillers und der Charakter des Wirts, wie alle unsere Charaktere gegeneinander, sage ich, erweckten zweifellos in uns allen fortwährend Interesse, weshalb wir immer wieder watten gegangen sind, wo es doch längst an der Zeit gewesen wäre, nicht mehr watten zu gehn. Die Verschiedenartigkeit unserer Charaktere ermunterte uns. Denn, beispielsweise, ein wie viel größerer Gegensatz als der zwischen dem Lehrer und Ihnen läßt sich denken, sage ich. Als der zwischen dem Papiermacher Siller und mir. Alle diese verschiedenen Geistesanlagen, sage ich. Wir alle haben uns allerdings in ein und derselben Landschaft entwickelt. Wenn auch in der größten Unterschiedlichkeit. Unsere Kindheit ist eine gemeinsame Kindheit gewesen, sicher. Später, wie der Lehrer und ich auf die höhere Schule gegangen und also aus der Kindheitslandschaft heraus in die Stadt gekommen sind, der Lehrer besuchte das Gymnasium, ich bin in die Realschule gegangen, trennten wir uns für ein paar Jahre von den gleichaltrigen Arbeitersöhnen, wir trennten uns vom Siller wie von Ihnen, sage ich, der Sie in der Stadt Ried in die Lehre gegangen sind, um eines Tages wieder, wie alle, zurückzukehren. Wir sind rasch auf das Watten gekommen, sage ich. Wir haben dreimal, zweimal die Woche gewattet. Dann nur noch wöchentlich. Der Mittwoch erschien uns am geeignetsten. Kenntnis erlangen, Ordnung machen, habe ich einmal zu uns allen, während des Wattens, gesagt. Das Allgemeine mit dem Besonderen decken. Wir reden mit einem Menschen, geehrter Herr, und wir wissen, dieser Mensch begreift uns, und doch wissen wir gleichzeitig, daß alles auf einem Mißverständnis beruht. Die Frage ist nicht, wie komme ich an diesen (an alle) Menschen heran, sondern die, wie ich wieder, und zwar in jedem Falle immer wieder, aus diesem (aus allen) Menschen herauskomme, zurück zu mir. Wir machen diesem (also allen) Menschen gegenüber Bemerkungen, oder uns gegenüber werden von einem (von allen) Menschen Bemerkungen gemacht, und wir wissen, während wir diese Bemerkungen machen, während uns diese Bemerkungen gemacht werden, daß immer nur Bemerkungen über den Tod gemacht werden. In den jungen Menschen ist fortwährend von der Größe als einem *Größenverhältnis in der Natur* die Rede, die die

Natur den Menschen vorenthalten muß, wie wir wissen, wenn wir nicht mehr jung sind. Die Begriffe sind, während wir jung sind, klar, wie sie unklar sind, wenn wir alt sind, während es doch immer die gleichen Begriffe sind, geehrter Herr. Diese Millionen von Talenten, denke ich, die alle unter der Erde sind und die alle den Vorteil der Unsterblichkeit gehabt haben. Wenn ich sehe, wie ununterbrochen um mich herum eine neue Architektur entsteht, eine ungeheuer ordinäre Architektur, eine ungeheuer ordinäre Musik, eine ungeheuer ordinäre Malerei, eine ungeheuer ordinäre Geschichte, denke ich, was Sie nicht beeindrucken wird, es ist meine eigene Architektur, Musik, Kunst, Malerei, Geschichte etcetera. Wenn wir längere Zeit in einem Land wie in dem unsrigen leben, in welchem sich alles, wie Sie wissen, mit großer Feierlichkeit dem Stumpfsinn ausgeliefert hat, haben wir in kurzer Zeit keine Wahl mehr. Das Gehirn ist in diesem Land absolut stellenlos, arbeitslos. Ein sogenannter Herr Kollege hat mich, wie Sie nicht wissen können, *angezeigt,* während des Frühstücks in einem Kaffeehaus, geehrter Herr, hat dieser Herr Kollege mich beobachtet und gleich darauf angezeigt. Eine Ampulle und das Zittern meiner Hände, geehrter Herr. Das Wort *chronisch* geisterte durch die Zeitungen. Aber die Papierarbeiter sind weiter in meine Ordination gekommen. Sie müssen sich das vorstellen: obwohl ich niemals einen Krankenkassenvertrag gehabt habe, weil mich die Krankenkasse in den drei Jahrzehnten, in welchen ich praktiziert habe, immer wieder abgewiesen hat, und nur aus dem einen Grund, weil ich aus dem Schloß stamme, abgewiesen hat, sind die Papiermacher alle zu mir gekommen. Und ich habe alle diese Leute, die mich heute, ich kann hingehen, wo ich will, sehr freundlich grüßen, kostenlos behandelt. Nun setzt aber die vom Schwachsinn beherrschte Intelligenz von jeher ein großes Mißtrauen in alles *Kostenlose*, aber es hat sich schnell herumgesprochen, daß meine Behandlungsmethode eine ehrliche, einfach bessere ist als die Behandlungsmethode meines Kollegen. Aber dieser Kollege hat mich angezeigt, und mir ist die Praxis gesperrt worden. Und ich habe, wie ich Ihnen schon angedeutet habe, in dieser Sache nicht den Obersten Gerichtshof bemühen wollen. Alle leiden hier am Lungenasthma, an dem sogenannten *Asthma bronchiale*. Aber am häufigsten sind alle mit ihrer der Fabrik angeborenen *Dyspepsie* zu mir gekommen. Und mein Hauptaugenmerk habe ich immer auf die Erforschung der Ursachen der täglich hier in der Gegend auftretenden *Haematemesis*, dem keinen Manne hier unbekannten Blutbrechen, gerichtet. Und auf die *Haematurie*. Die Kinder werden sehr oft von dem *Chorea minor* befallen, von den ticartigen Zuckungen. *Tetanus*, *Cephalhaematom* etcetera. Alle rachitisch. Häufig die *Stillsche Krankheit, Osteoporose, Flossenhand*. In meinen Schriften habe ich, vor allem in letzter Zeit, einige Fortschritte machen können. Meinen Schriften ist die *tote Praxis* förderlich gewesen. Die Schwierigkeitsgrade sind aber, wie Sie wissen, immer höhere. Ich stellte, eine Methode meines Vaters, tagtäglich immer wieder alles, was ich weiß, auf die Probe. Zeitlebens habe ich die Leichtigkeit verabscheut, wie die Geläufigkeit verabscheut, nichts ist mir zeitlebens so verhaßt gewesen wie die Anstrengungslosigkeit. Die Praxis haben sie mir weggenommen, aber mein Gehirn kann mir niemand wegnehmen. Das Gehirn nicht. Wissenschaftliche Berufung, geehrter Herr, man gewöhnt sich an die verabscheuungswürdigsten Begriffe. Dabei habe ich immer wieder die Feststellung machen müssen, daß gerade die Ärzte aus den sogenannten unteren, ja untersten Schichten, die Kinder armer Leute, die Medizin studiert haben, die schlechtesten, die korruptesten Ärzte sind. Kaum haben sie ihren Doktorgrad, sind sie nichts als eine rücksichtslos in Gemeinheit und Niedertracht dampfende Geldmaschine im Ärztekittel. Dem aus dem Proletariat heraufgekommenen Arzt genügt in den meisten Fällen allein der Doktortitel, auf welchem er sofort die Gesellschaft durch seine gefährliche Scharlatanerie in die blinde und plumpe Demut hinunter- und sich selbst zum geschmacklosesten Reichtum hinauftraktiert. Meine im Grunde erfolglosen Gegner haben mich mit allen Mitteln ruinieren wollen. Man hat mir die Praxis weggenommen und hat mich tatsächlich vernichtet. Die erste Probe, sage ich zum Fuhrmann, wenn die Gleichaltrigen, die man kennt, und sei es nur aus Verlegenheit, Büchern etcetera, anfangen, auf natürliche Weise zu sterben. In Umrissen erkennen wir nach längerer Betrachtung, die Jahrzehnte dauern kann, auf einmal einen Menschen, und genau in dem Augenblick, in welchem wir mit diesem Menschen vertraut geworden sind, stirbt dieser Mensch (Siller). Zum Schein eine Unterhaltung, die uns im Grunde überhaupt nicht interessiert, wir heucheln Verständnis, Wissenschaftsbedürfnis, Fürsorge, geehrter Herr, wechseln Briefe miteinander nur zu dem Zweck, im Hintergrund bleiben zu können. Wir wollen alle immer unbelästigt sein. Und wir schauen zu, wie ein Mensch, ein Philosoph, denke ich, von seinen Schülern gepeinigt wird, und sind entsetzt, wenn der Gepeinigte plötzlich tot ist, von seinen eigenen Schülern (mit den Mitteln, die der Lehrer den Schülern beigebracht hat) umgebracht worden ist. Wir fürchten alles und haben Grund, alles zu fürchten, und um auch nur einen einzigen Tag länger existieren zu können, vergessen wir immer wieder, daß wir tatsächlich alles fürchten. Die Papiermacher, wie auch die ungelernten Papier*arbeiter,* die ich im Laufe meines Lebens kennengelernt habe, was mir durch das Medizinische möglich gewesen ist, sind es, den Papiermachern, denke ich immer wieder, geehrter Herr, verdanke ich, daß ich nicht auf die erniedrigende künstliche Weise verrückt geworden bin, sondern auf die natürlichste. Aber aus was sonst hätte ich jemals Nutzen ziehen können, als aus dieser meiner Naturverrücktheit, von welcher alle meine Gedanken handeln? gelenkt sind? Ein außerordentlicher ist ein geradezu perfekter ordentlicher Mensch, genaugenommen, nicht außerhalb der Ordnung, denke ich. Ob es einen Menschen gibt, dem ich schreiben kann, was ich schreiben *muß,* habe ich oft gedacht, Jahre gedacht, jetzt ist diese Gelegenheit, und ich bin vor den Kopf gestoßen. Denn in Ihrer Aufforderung ist ja nicht die Rede davon, daß ich eine Auslassung an Sie adressiere! Mein Denken ist aber schon längst eine fürchterliche inkonsequente Form des Kopfschmerzes geworden, wie sie vereinzelt da und dort, wo ein Mensch seine ganze Natur eine längere als statthafte Zeit überanstrengt hat, auftritt, eine Geisteskrankheit natürlich, die ich als das genaue Gegenteil von Schwachsinn bezeichnen muß. Meine Kunst ist immer wieder die lächerliche, geehrter Herr, die sich von meiner Natur auf das erschütterndste beschämen lassen muß. Wer seine Natur aber trennen will von dem, was er als die Kunst an sich längst erkannt hat, ist ein Narr. Was mich betrifft, weiß ich, daß Unglück Existenzbeweis ist. Daß einer da ist, ist ein Unglück, wie das nur Unglück auf der Welt ist. Die Natur läßt den einzelnen in seinem Unglück allein. Du bist als ein Unglück, sage ich mir, denke ich, daß du da bist, ist ein Unglück, Beweis dafür, daß du da bist. Jeder Beweis ist ein Unglück. Drei Vorstellungen habe ich, geehrter Herr, während mir der Fuhrmann gegenüber sitzt. *Vorstellung I:* zuerst sind meine Lehren, dann bin ich selber (als Wissenschaftsphilosoph) nach und nach in solcher Weise, daß ein anderer Kopf bei diesem Maße des Vergessenwerdens verrückt geworden wäre, in die Vergessenheit geraten, wie man in eine absolut unzumutbare Finsternis durch eine Unaufmerksamkeit (des Denkens) hineingerät, nach und nach und zuerst überhaupt nicht bei vollem Bewußtsein, sondern mit unglaublicher Geschwindigkeit, ganz im Hintergrund meines Denkmechanismus. Als ob hinter meinem Gehirn ein zweites gegen das erste sich zu denken getraute, geehrter Herr. Zwar dachte ich und redete ich, und ich dachte und redete ununterbrochen, denn aus Unglück, verstehen Sie, bin ich durchaus der Mensch, der ununterbrochen denken und reden und natürlich, das, was er redet und denkt, *verschweigen* muß, aber in mir ist bereits alles zerbröckelt gewesen. Diesem Krankheitszustand ist mein Kopf und in der Folge mein ganzer Körper unterworfen gewesen. *Vorstellung II:* während ich tatsächlich glaubte, der Mittelpunkt zu sein, war ich längst dadurch, daß ich glaubte, der Mittelpunkt zu sein, nicht mehr der Mittelpunkt. *Vorstellung III:* ganz ohne Kopf- oder Handgemenge, verstehen Sie, mit dieser von mir selber einmal erdachten völlig lautlosen und völlig schmerzlosen, völlig *unerkennbaren* Methode, die ich sie gelehrt habe, in allen meinen Handlungen, bin ich von den jungen Menschen vernichtet worden. Diese jungen Menschen habe ich gelehrt, wie man eine Welt, die vernichtet gehört, vernichtet, aber sie haben nicht die Welt vernichtet, die vernichtet gehört, sondern haben mich, der ich sie gelehrt habe, wie man die Welt, die vernichtet gehört, vernichtet, vernichtet. Das ›Racher‹ ist im Grunde entsetzlich, sage ich zum Fuhrmann. Von allen, die watten gegangen sind, gleich weit weg, liegt es genau an der Stelle im Wald, geehrter Herr, die für ein Gasthaus, möchte man meinen, am ungeeignetsten ist. Das ›Racher‹ ist aber von allen Gasthäusern in der ganzen Gegend das beliebteste. Obwohl es, wie allgemein bekannt, das häßlichste ist. Genau dahin, an den für ein Gasthaus ungeeignetsten Platz, und in dieser billigen, häßlichen Bauweise, sage ich zum Fuhrmann, baue ich, sagt mir die Vernunft, muß sich der Vater des Wirts, der das ›Racher‹ gebaut hat, gesagt haben, das Gasthaus. Wie man weiß, hat er das Baumaterial, das zum Großteil aus alten Eisenbahnschwellen besteht (er hat es selber zwischen den beiden Weltkriegen mit seiner Frau und mit seinen Kindern und Enkelkindern zusammen gebaut), für einen Pappenstiel von dem damals völlig zerrütteten Staat bekommen. Für die Papiermacher, für die es gedacht gewesen ist, kann ich das Gasthaus nicht billig genug bauen, hat er sich gedacht, und seine Rechnung ist aufgegangen. Dem völlig Vereinsamten erscheint es nicht schwierig, wann er will, tatsächlich unter allen und in allen zu sein und in Wahrheit die ganze Fürchterlichkeit und Ausweglosigkeit und Häßlichkeit der Fürchterlichkeit und Ausweglosigkeit durch und durch zu kennen. Durch die ganze Philosophie kann man ja hindurchgehen wie durch diesen entsetzlichen Wald der ungeheuerlichsten Verletzungsmöglichkeiten, sage ich zum Fuhrmann. Wir glauben ja, daß alle Türen zu öffnen sind, bis wir sehen, daß das nicht der Fall ist. Wir täuschen uns vor. Wir verwechseln das, was uns nützlich ist, mit dem der Natur. Das Einschlafen ist ein Problem, nicht das Aufwachen, sehr geehrter Herr. Die Natur rechtfertigt, sehe ich, die Natur, nicht aber die Natur die Vernunft; das sehe ich immer deutlicher. Wir sprechen aber alle doch immer nur die Sprache, die keiner versteht. Zum Fuhrmann sage ich: Die Leute fahren in die Gebirge hinein und besteigen die höchsten Gipfel, und wenn sie oben sind, hoch oben, reden sie, wie unten, von den Möglichkeiten, die sie nicht haben. Aber der Fuhrmann versteht mich nicht. Aufwachen heißt, einem ununterbrochenen Begräbnis beiwohnen, geehrter Herr, wie ein leise gesprochener Satz, auch ein solcher Satz, der absichtlich verschwiegen wird von einer absichtlich schweigsamen Person, den Tod von Millionen Menschen bedeuten kann. Es ist zwei Uhr, sage ich zum Fuhrmann, es ist zwar finster, aber es ist zwei Uhr. Da er auf das, was ich sage, nicht reagiert, ist meine Vorstellung von dem, das ich in der letzten Nacht geträumt habe, ungestört. *Die Dohlen,* denke ich. Zuerst, habe ich noch während des Aufwachens gedacht, werde ich in die Ordination gehen, wie lange bin ich nicht mehr in der Ordination gewesen!, der Eindruck, daß aus der Ordination der Verwesungsgeruch herauskommt, hat sich in der letzten Zeit verstärkt, die Vermutung, daß in der Ordination ein verwesender Körper ist, ein Körper, von dem ich nicht weiß, was für ein Körper, und der Gedanke, in der Ordination könne ein Körper *verwesen,* natürlich kein Menschenkörper, einfach, in meiner Ordination verwest *etwas,* hat mich entschlossen die Ordinationstür aufmachen lassen, und ich bin in die Ordination hineingegangen. Wie die Kommission dagewesen ist, wie man mir die Praxis gesperrt hat, denke ich: ich habe die Leute aus der Ordination hinausgedrängt, mit den Händen, blitzschnell mit den Händen hinaus, die Laden zugestoßen, die Instrumente in die Kübel, alle Instrumente in die Kübel! Tatsächlich ist der Verwesungsgeruch, denke ich, wie ich in die Ordination hineingehe, der den ganzen Sommer, den ganzen Herbst herausgeströmt ist, schon wochenlang überhaupt nicht mehr wahrzunehmen. Es wäre natürlich gewesen, die Ordination aufzusperren in dem Augenblick, in welchem der Verwesungsgeruch auf dem Höhepunkt ist, aber ich habe die Ordination nicht betreten, als der Verwesungsgeruch auf dem Höhepunkt gewesen ist, ich habe sie *heute* aufgesperrt und bin *heute* hineingegangen. Und da machte ich die merkwürdigste Entdeckung. Ich sperre auf, und es macht mir die größte Schwierigkeit, aufzusperren, weil das Schlüsselloch von einem Insektenknäuel verstopft ist. Als ich aufgesperrt habe, habe ich ja nicht wissen können, was in der Ordination vorgegangen ist, die Ordination war vom Schmutz verfinstert, alles schmutzig, wissen Sie, durch den Fuhrmann hindurch sehe ich: alles Schmutz. Aber nach und nach habe ich immer mehr Fetzen von Haut, von vertrockneter Haut, mehr und mehr Federn eines mir noch unbekannten Vogels gesehen, schließlich auf dem Boden das Skelett einer Dohle, einer ungewöhnlich großen Dohle, ein Dohlenskelett. Und kurze Zeit später, gleich neben dem Dohlenskelett, ein zweites Dohlenskelett. Die beiden Dohlen haben gekämpft, denke ich, mit großer Deutlichkeit sehe ich durch den Fuhrmann die Szene: die zwei Dohlen haben gekämpft. Alles in der Ordination deutet auf einen Kampf der beiden Dohlen hin. Keine Krähen, verstehen Sie, geehrter Herr, Dohlen, keine *Raben*, Dohlen. Auch ist die ganze Ordination verwüstet gewesen, und ich denke, warum hast du nicht gehört, wie diese beiden Dohlen in ihrem Todeskampf die Ordination verwüstet haben. Stellen Sie sich vor, auch an den Fenstern klebten die Hautfetzen der Dohlen, überall Hautfetzen und Federn. Wie aber sind die Dohlen in die Ordination hineingekommen? Zuerst die eine, dann die andre. Zuflucht suchend wahrscheinlich, denke ich. Die erste Dohle Zuflucht suchend in der Ordination, die zweite bei der ersten Zuflucht suchend. Aus dieser Zuflucht haben sie beide nicht mehr entkommen können, sie sind wahrscheinlich *nach und nach wahnsinnig geworden* und erstickt, wie ich festgestellt habe, zuerst die kleinere Dohle, dann die größere. Eine solche fürchterliche Situation hätte ich ja wahrnehmen müssen, denke ich, aber die Dohlen sind wahrscheinlich, während ich watten gewesen bin, in die Ordination hineingekommen. Vor Kälte hinein in die Ordination geflüchtet, wahnsinnig geworden, erstickt, vertrocknet. Überall liegen die Morphiumampullen herum, denke ich, und ich denke: wahrscheinlich haben die Dohlen große Mengen Rauschgift in ihren Körpern. Wahnsinnig geworden, ohnmächtig, erstickt, denke ich. Und dann haben die Ameisen die Dohlen aufgefressen. Vor der Kälte eines dieser kalten Sommerabende sind die Dohlen, aus Angst wahrscheinlich, in die Ordination geflüchtet. Ich habe Ihnen ja, sage ich plötzlich zum Fuhrmann, seinerzeit die beiden Dohlenskelette gezeigt, erinnern Sie sich, wie ich Ihnen die Dohlenskelette gezeigt habe? Damals versuchten Sie schon, mich zum Watten zu überreden. Merkwürdig, die beiden Dohlen, sage ich. Aber der Fuhrmann sagt, er wisse nichts von Dohlen. Ja, sage ich, natürlich, das Ganze mit den Dohlen habe ich geträumt, und daß ich Ihnen die Dohlen gezeigt habe, habe ich auch geträumt, sage ich. Der Fuhrmann sagt, *der Lehrer sei ein armer Mensch*. Ein armer Mensch?, frage ich. Ja, sage ich, der Lehrer ist natürlich ein armer Mensch. Dazu fällt mir ein, daß der Lehrer nichts von dem, das er hat erreichen wollen, erreicht hat. Zu Hochschulstudien, wie er sie sich gewünscht hat, ist der Lehrer niemals gekommen. Die Naturwissenschaft oder die Musik, hat sich der Lehrer immer wieder gesagt, studieren. Aber er hat weder Naturwissenschaft noch Musik studiert. Er wäre aber auch kein Naturwissenschaftler geworden, sage ich zum Fuhrmann, auch kein Musiker. Der Lehrer wäre immer nur Lehrer geworden, sage ich. Aber auch als Lehrer ist der Lehrer gescheitert, sage ich. Dreißig Jahre hat er sich vorgemacht, er sei Lehrer, aber in Wirklichkeit ist er nicht einmal Lehrer, sondern nur ein armer Mensch, wie Sie ganz richtig sagen, sage ich zum Fuhrmann. Ein Lehrerschicksal, sage ich, darin war weniger Verachtung, wie ich befürchtete, als Mitleid. Widerwillig unterrichtet er die Kinder der Papierarbeiter, denke ich, hat aber auch nicht den Mut, daraus die Konsequenz zu ziehen, plötzlich nicht mehr Lehrer zu sein. Sich umzubringen, denke ich. Tatsächlich ist noch heute der Blick des Lehrers auf die Großstadt gerichtet, sage ich zum Fuhrmann, obwohl der Lehrer weiß, daß das Unsinn ist und er sich in dieser Erniedrigung einer doppelten Verzweiflung ausliefert, der Verzweiflung über seine Unfähigkeit und der Verzweiflung über die Brutalität und die Rücksichtslosigkeit seiner Umwelt. Der Gestank der Papierfabrik hat ihn im Laufe der Zeit krank gemacht. Er steht aber der Dummheit, Beschränktheit, Unzurechnungsfähigkeit der Papierarbeiter und der Kinder der Papierarbeiter hilfloser gegenüber als die Papierarbeiter und die Kinder der Papierarbeiter. Einmal, vor zehn Jahren, denke ich, hat er geglaubt, in der Großstadt Wien für immer untertauchen zu können, ist tagelang in Wien hin und her gegangen und hat sich schließlich, die Ferien ausnützend, einer steiermärkischen Theatergruppe angeschlossen. Theatergruppen sind fast immer Verbrechergesindel, hat er sich gedacht, in einem solchen Verbrechergesindel will ich jetzt untertauchen. Die Theatergruppe hat ganzjährig bäuerliche wie auch vorstädtische Schwänke in einem Bierzelt auf dem Prater aufgeführt, solche Schwänke gefallen dem stumpfsinnigen Wiener Publikum. In mehreren kleinen Rollen hat der Lehrer Verwendung gefunden, erzählte er mir einmal. Er dürfe mit einem dauernden Engagement bei der Truppe rechnen, habe ihm der Direktor der Truppe versprochen. Über dem Spielen von schauspielerischen Lappalien hat der Lehrer seine Anstellung in der Schule vergessen. Eine Hauptrolle zu spielen, war ihm angekündigt worden, was ihn völlig aus jeder Realität entfernte. Eines Tages, glücklicherweise noch vor Ferienende, hat er ein Stichwort vergessen, und der Direktor warf ihn kurzerhand auf die Straße. Seither hat er niemals mehr auch nur den geringsten Versuch gemacht, seine Lage zu verändern, sich zu *verbessern*. Seine Situation ist zweifellos die niederdrückendste, die man sich denken kann. Wahrscheinlich ist das Watten seine Rettung, sage ich. Der Fuhr-

mann sagt, *der Urban sei ein gemeiner Mensch.*
Dazu fällt mir ein: immer in Hosenträgern, hat er mit
Vorliebe schweißgelbe Rudererleibchen an. Ursprünglich hat er auf Wunsch seiner Eltern die Handelsakademie der Stadt Linz besucht, ist aber *einer un-
glaublichen Perversität wegen,* so der Fuhrmann
über seinen Nachbarn, aus der Handelsakademie
hinausgeworfen worden und hat im Vaterhaus die
kaufmännische Lehre absolviert. Mit neunzehn hat
er die Kaufmannsgehilfenprüfung gemacht, damals
konnte niemand wissen, daß in dem schlanken, wenn
auch häßlichen, so doch schlanken Jüngling, schon alle
Voraussetzungen für den heutigen *fetten Urban* enthalten waren. *Über den Schausteller,* den Ersatz-
mann, sagt der Fuhrmann, daß er ein rücksichtsloser
Mensch sei. Dazu fällt mir ein: der Schausteller hat
ursprünglich die Wachszieherei erlernen sollen, hat
sich aber schon früh einem Viehhändler aus Ried im
Innkreis angeschlossen, der sämtliche Provinzen west-
lich der Enns bereiste. Acht Jahre mit einem Schwein-
transporter, sage ich. Tagtäglich in einem andern
Ort, sage ich, von einem Gasthaus zum anderen, auf
diese Weise entwickle sich der Unfähigste zum Ge-
schäftsmann und Menschenkenner, der der Schausteller zweifellos sei. Bald hatte er sich ein kleines,
bald ein größeres, bald ein großes Vermögen erarbei-
tet, denke ich, schließlich hat er auch noch eine reiche
Frau aus Schlierbach geheiratet, Besitzerin einer der
begehrtesten sogenannten Maria-Theresia-Konzes-
sionen. Vier eheliche, drei uneheliche Kinder, sage ich.
Dazu ein sogenanntes *Steinkind,* ein nicht ausgetra-

genes, im Mutterleib versteintes Kind. Im Menschen-
umgang ist er ein Meister, von Natur aus geschäfts-
tüchtig, immer aus der eigenen Initiative praktisch,
ein Kopf, der die brutale Geschäftswelt lenkt, wo er
hinkommt, und wenig von Gefühlen hält. Mit einer
Geschicklichkeit, die immer verblüfft, bewegt sich der
Schausteller an der Grenze des Betruges. Er hat
aber, so seine eigenen Wörter, immer nur Geschäfte
gemacht, nie betrogen. Im Umgang ist er freund-
schaftlich, sage ich, von der Verläßlichkeit des ehr-
lichen Mannes. Aus Dummheit, wie er selber zugibt,
machte er drei gewöhnlichen Frauen drei uneheliche
Kinder und beging damit die bekannte Ungeschick-
lichkeit des gemeinen Mannes. *Der Wirt sei ein wider-
wärtiger Mensch,* sagt der Fuhrmann. Dazu fällt mir
ein, daß ich von dem Wirt niemals auch nur ein ein-
ziges freundliches Wort gehört habe. Da er an Magen-
geschwüren leidet, die nicht mehr zu operieren sind
(*Ulcus ventriculi et duodeni*), verfinstert sich augenblicklich die Szene, wo er hinkommt. Er erinnert in
seinen Bewegungen an ein Tier, das in Wirklichkeit
nicht existiert, an ein Tier, das aus allen niedrigen
Tieren zusammengesetzt ist. Was er sagt, ist nieder-
trächtig wie das, was er nicht sagt. Er ist fünfzehn
Jahre gemeiner Soldat gewesen. Einarmig und rücksichtslos wie alle Krüppel. Vorbestraft wegen Dieb-
stahls und schwerer Körperverletzung. Selbstalkoho-
liker. Während des Wattens erzählt er immer die
gleichen unappetitlichen Witze. Der Fuhrmann sagt,
der Siller wäre ein unglücklicher Mensch gewesen.
Über mich sagt er, was ich weiß, ich sei *ein Narr.* Es

fragt sich, geehrter Herr. Es ist alles unter Kontrolle, und doch ist alles unkontrolliert. Man sieht einen Menschen und denkt, was für ein sympathischer Mensch, und bald sieht man (als würde einem auf den Kopf geschlagen!), was für ein gemeiner Mensch, was für ein lächerlicher Mensch, was für ein niedriger Menschentypus. Die Qual steigert sich selbstverständlich, die Ärzte, die man aufsucht, verstehen nichts, beurteilen alles. Bald denke ich, ich bin verrückt, bald, ich bin nicht verrückt. Es ist eine völlig durchinstrumentierte Partitur Wahnsinn. Die Umwelt aber schweigt dazu, das ist das Wesen der Umwelt, geehrter Herr. Ich habe meine eigene Polizei, meine eigene Anarchie, sagen die außerordentlichen Menschen mit Recht und werden verhöhnt. Ich verhandle tagtäglich gegen mich, sagen sie. Mache mir meine eigenen Gesetze. Tatsächlich herrscht in meinem Kopf niemals Gesetzlosigkeit, sagen sie. Während sie alles gegen sich empfinden müssen, sind sie in der Natur *alles*. Du hast immer einen größeren Radius gehabt als die andern, einen immer größeren Radius, denken sie. Die andern haben eine durchaus epigonale Entwicklung. Überall, immer ihre größtmögliche Konfusion, geehrter Herr, ihr Bildungsschwachsinn. Bis zur faulen Fichte, bis zum Aasgeruch, sage ich, und der Fuhrmann sagt: kommen Sie doch watten morgen, Doktor. Oft gehe ich, in letzter Zeit ohne Kopfbedeckung, barfuß wie der Siller, in der größten Geschwindigkeit aus der Baracke hinaus und bis zur faulen Fichte und in die Schottergrube hinein. (In Gedanken.) Jeden Tag um einen oder um zwei Kilometer weiter.

(In Gedanken.) Als Idiot in die Hose schlüpfen, denke ich, die Baracke aber als vollkommen normaler freier Mensch verlassen. Ja, sage ich zum Fuhrmann, eine Antenne auf dem Dach, damit man den Teufel empfangen kann. Der Fuhrmann sagt: wenn Sie wieder watten gehn, Doktor, sage ich den andern, daß Sie wieder watten gehn. In der Finsternis ist alles deutlicher zu hören, sage ich, man sieht nichts, man hört alles deutlicher. Man kann in Verzweiflung, sage ich, gleich, wo man ist, gleich, wo man sich aufhalten muß in dieser Welt, von einem Augenblick auf den andern aus der Tragödie (in der man ist) in das Lustspiel eintreten (in dem man ist), umgekehrt jederzeit aus dem Lustspiel (in dem man ist) in die Tragödie (in der man ist). Längere Zeit in Betrachtung eines Gegenstandes (Menschen), denke ich, zuschauen, wie dieser Gegenstand (Mensch) immer rücksichtsloser gegen mich ist. Eines Tages bin ich alles auf einmal, denke ich, und dadurch in einem Augenblick alles. Die Menschen, sage ich zum Fuhrmann, ermöglichen unaufhörlichen Schmerz. Die Eingeweide des Körpers aber sind nicht durch das Gehirn mit der Natur in Zusammenhang, sondern durch den Kopf. Das ist alles, damit wir uns fürchten, geehrter Herr. Der Lehrer ist irritiert gewesen, sage ich, der Siller ist irritiert gewesen in der Weise, daß er tatsächlich verrückt gewesen ist, ich selber bin mitten im Wald der Verzweiflung nahe gewesen, aus welcher das Herauskommen nicht mehr gestattet ist, solange einem die Ursache der Verzweiflung nicht bekannt ist. Auch in dem schweigsamsten Menschen, geehrter Herr, ist folgendes: es kommt der Augenblick, da läßt er in seiner Intensität nach, und er ist verloren. Und sein ganzes Leben fällt ihm auf den Kopf. Es gibt nichts Deprimierenderes, als zu sehen, wie die Menschen aufgeben. Die Deprimation über uns ist so deprimierend, weil wir noch nicht die Depression, geschweige denn uns selber, begriffen haben. Immer wieder die Vorstellung, geehrter Herr: ein Mensch, einer meiner Schüler, stürzt aus dem Gebüsch und bringt mich um. Die Absicht ist gewesen, die alte selbstmörderische Ordnung in eine neue selbstmörderische Ordnung umzudrehen. Das ist der Vorwurf, den man mir jetzt macht. Aber ich gehe nicht mehr watten. Komme ich in die Baracke herein, schaue ich hinter alle Möbelstücke, hinter die Kübel selbst und vergewissere mich, ob kein Mensch da ist, denn während meiner Abwesenheit könnte ja einer in die Baracke gekommen sein. Erst wenn ich die Gewißheit habe, daß ich allein in der Baracke bin, schneide ich mir zwei Scheiben Brot ab und esse harten und weichen Käse dazu. Auch habe ich ständig Angst vor der Elektrizität, falls Sie das interessiert, diese Angst habe ich erst, seit ich an dem Mittwoch, an welchem sich der Papiermacher aufgehängt hat, in die Baracke zurückgekommen bin. Jetzt denke ich, daß ich mir wahrscheinlich vorausschauend aus diesem Grund die Gummischuhe angeschafft habe. Zum Lehrer fällt mir noch ein: er hat diese rissigen, abgerundeten schillinggroßen Fingernägel, die auf eine schwere Tuberkulose hinweisen, die er zweifellos einmal gehabt hat oder noch immer hat, von der er aber nichts weiß, wie ich weiß. *Atem-*

not am Flußufer, ich erinnere mich. Wissen Sie, dieser Mensch, mein Kollege, sage ich zum Fuhrmann, dieser Arzt, der jetzt alle meine Patienten behandelt, verfolgt mich, weil er glaubt, daß er nicht erreicht hat, was ich erreicht habe, daß er nicht ist, was ich bin, sage ich zum Fuhrmann. Er hat die Vorstellung, ich sei weiter als er und er könne den Abstand zwischen uns nicht verringern. Zeitlebens, sage ich zum Fuhrmann, habe ich ebenerdige Häuser gehaßt, und dann habe ich mich eines Tages in die Baracke zurückgezogen. Mich dem Ungeziefer ausgeliefert, geehrter Herr. Ich gehe nicht mehr watten, sage ich zum Fuhrmann. Und könnte ich, so ginge ich doch nicht mehr, weil ich das Geräusch nicht mehr aushalte, das ich im Winter verursache, wenn ich mit dem Spazierstock in den hartgefrorenen Schnee hineinsteche. Es ist mir ganz klar, was Sie wollen, sage ich, und der Fuhrmann schweigt. Sie wollen, daß ich wieder watten gehe. Aber ich gehe nicht mehr watten. Ich watte nicht mehr. Reißen Sie den Boden der Baracke auf, und Sie werden furchtbare Entdeckungen machen, sage ich. Ein Mensch wie ich, ist ein Mensch voller Kunststücke und wartet ununterbrochen auf einen Menschen, der ihm seine Kunststücke zertrümmert, indem er ihm seinen Kopf zertrümmert, geehrter Herr.

Thomas Bernhard
im Suhrkamp und im Insel Verlag

Werke. Herausgegeben von Martin Huber und Wendelin Schmidt-Dengler. Bd. 1: Frost. Bd. 2: Verstörung. Bd. 3: Das Kalkwerk. Bd. 4: Korrektur. Bd. 5: Beton. Bd. 6: Der Untergeher. Bd. 7: Holzfällen. Bd. 8: Alte Meister. Bd. 9: Auslöschung. Bd. 10: Die Autobiographie. Bd. 11: Erzählungen 1 (In der Höhe. Amras. Der Italiener. Der Kulterer). Bd. 12: Erzählungen 2 (Ungenach. Watten. Gehen). Bd. 13: Erzählungen 3 (Ja. Die Billigesser. Wittgensteins Neffe). Bd. 14: Erzählungen. Kurzprosa. Bd. 15: Dramen 1. Bd. 16: Dramen 2. Bd. 17: Dramen 3. Bd. 18: Dramen 4. Bd. 19: Dramen 5. Bd. 20: Dramen 6. Bd. 21: Gedichte. Bd. 22: Journalistisches, Reden, Interviews (2 Teilbände). Gebunden in Einzelausgaben und als st 4850 (23 Teilbände im Schuber).

Alte Meister. Komödie. st 1553 und BS 1120. 311 Seiten

Amras. st 1506. 99 Seiten

Amras. Kommentar: Bernhard Judex. SBB 70. 143 Seiten

Auslöschung. Ein Zerfall. st 1563. 651 Seiten

Aus Opposition gegen mich selbst. Ein Lesebuch. Herausgegeben von Raimund Fellinger. st 4211. 368 Seiten

Argumente eines Winterspaziergängers. Und ein Fragment zu »Frost«: Leichtlebig. Gebunden. 146 Seiten

Bernhard für Boshafte. it 4153. 73 Seiten

Beton. st 1488. 213 Seiten

NF 462/3/06.21

NF 462/4/06.21